走近大先生

20位大家的教育人生精粹

ZOUJIN DAXIANSHENG
20wei Dajia de Jiaoyu Rensheng Jingcui

大夏书系 《中国教育报》四十年文存精选

丛书总策划　张文斌

总主编　周飞
副总主编　张圣华　蔡继乐　张国华
主编　张东
副主编　刘博智　梁丹

华东师范大学出版社
·上海·

图书在版编目（CIP）数据

走近大先生：20 位大家的教育人生精粹 / 张东主编；
刘博智，梁丹副主编 . — 上海：华东师范大学出版社，2023
（《中国教育报》四十年文存精选）
ISBN 978-7-5760-4410-2

I.①走… II.①张… ②刘… ③梁… III.①教育—中国—文集
IV.① G52-53

中国国家版本馆 CIP 数据核字（2023）第 238471 号

大夏书系 ｜《中国教育报》四十年文存精选

走近大先生：20 位大家的教育人生精粹

主　　编	张　东
副 主 编	刘博智　梁　丹
策划编辑	李永梅　卢风保
责任编辑	卢风保　潘琼阁
责任校对	杨　坤
装帧设计	奇文云海 · 设计顾问

出版发行	华东师范大学出版社
社　　址	上海市中山北路 3663 号　邮编 200062
网　　址	www.ecnupress.com.cn
电　　话	021-60821666　行政传真 021-62572105
客服电话	021-62865537
邮购电话	021-62869887
地　　址	上海市中山北路 3663 号华东师范大学校内先锋路口
网　　店	http://hdsdcbs.tmall.com/

印 刷 者	北京密兴印刷有限公司
开　　本	700×1000　16 开
印　　张	13
字　　数	180 千字
版　　次	2023 年 12 月第一版
印　　次	2025 年 4 月第五次
印　　数	14 101-16 100
书　　号	ISBN 978-7-5760-4410-2
定　　价	55.00 元

出 版 人　王　焰

（如发现本版图书有印订质量问题，请寄回本社市场部调换或电话 021-62865537 联系）

目录　contents

01	施一公："大牛"科学家的舍与得	1
02	周有光：105岁的"语文工作者"	13
03	何兹全：择善固执之　爱国一书生	25
04	潘文彦：爱物理也爱文学	35
05	佟明耀：为了黑土地上冬麦飘香	45
06	黄培云：我从未后悔回来	51
07	姚期智：人生为一大事来	63
08	郑敏：回望我的西南联大	73
09	戴逸：以历史触摸未来	83
10	潘懋元：高等教育学的"名片"	93

11	王澍：瓦爿之上的建筑大师	103
12	谷超豪：在数学的宇宙里写"诗"	113
13	莫言：站在人的立场写作	123
14	李述汤：跨越十亿分之一米的传奇	133
15	林家翘：追寻科学极致之美	145
16	黄大年：给地球做透视的"科研疯子"	155
17	盖钧镒：奋"豆"不止	169
18	方汉奇：中国新闻事业守望者	177
19	柴立元：为国治污	187
20	杨振宁：功在世界 心怀家国	195

01 施一公:"大牛"科学家的舍与得

本报记者·俞水

人物介绍

施一公,世界顶尖结构生物学家,有着这样的"传奇"履历——1998年任教于美国普林斯顿大学,2003年成为该校分子生物学系史上最年轻的正教授,2007年被授予普林斯顿大学终身讲席教授。2008年2月,他放弃了在普林斯顿的高薪与荣誉,全职回归母校清华,出任生命科学学院院长,被众多媒体誉为华人归国科学家的旗帜性人物,由此引发的"施一公效应",吸引了更多海外科学家回国效力。

有了好的人才,一定要为人才建设好的学术环境,以教学和科研为主。

——施一公

"恨不得把时间掰开来用。"坐在正对实验室的办公室里,着浅色衬衫、黑色马甲、白色长裤,一身典型学者打扮的施一公,没等打完手机,又不得不拿起办公桌上铃铃作响的座机电话。

办公室不大。桌上堆着专业书籍、成摞的科研论文,还有一把剃须刀。墙壁白板上画着的分子结构图旁,龙凤胎儿女的照片和两个孩子画的油彩画格外显眼。

谈起正在为《科学》杂志撰写的年度总结文章及实验室取得的最新研究进展,施一公挺直腰板,身体略微前倾,语速飞快,时而打个手势。谈起放弃美国高薪工作跟随他回国的妻子与一双儿女，他则神情温和，语调平缓，身体不自觉地靠向椅背。

"科学家也是人，有七情六欲，有缺点，有毛病。我不想被媒体标榜得太高。"施一公说。

然而，无论这位年轻科学家怎样强调不希望别人把他放上"神坛"，不希望被过多关注，美国《纽约时报》还是于2010年1月6日以《对抗趋势：中国吸引海外科学家归国》为题又一次报道了他："施一公和其他顶尖科学家的回归是一种信号，中国在拉近和发达国家科技鸿沟的时间上，比许多专家预期得要快。"

显然，这位被赋予了"代表""信号""变革"等意义的年轻科学家，其成果与言论已经无法完全代表其个人。

"人活一口气"成就学术牛人

"三个在膜蛋白方面的研究成果，在膜转运蛋白和离子通道方面引起国际关注，其中两篇论文发表在《自然》上，一篇论文发表在《科学》上。"说起团队去年取得的科研成果，施一公毫不掩饰自己的骄傲与自豪。回国两年即取得了"超过在普林斯顿鼎盛时期"的成果，施一公此前绝没有想到。

"也许，我们这个团队所作的研究，现在在老百姓看来意义并不很大，但是10年后、20年后，很有可能会影响人们的生活。"施一公强调，"很多尖端药物的研发都依靠我们这样的基础科研，但基础科研的转化需要时间，绝不能急躁。"

说到这，施一公忽然想起他忘了吃每日必服的高血压药。"在美国读博打工时累出了高血压。"他从包里拿出一个药盒说，"这个药就是以结构生物学的研究为基础研发出来的。"

施一公提到的"结构生物学"，是他成为国际知名科学家的学术阵地。

"简单地说，结构生物学就是通过分子结构的测定理解基本生命现象，了解基本生命结构,从而改善人们的生活。"施一公说,"它是现代生命科学的奠基学科之一。"

其实,对于生命科学的热爱,施一公很慢热。因此,能在这一科学领域驰骋纵横,学生时代的他没有想到过。

1967年,施一公出生在一个知识分子家庭,从小聪颖过人,在父亲的影响下,对数学和物理产生了浓厚兴趣。"恢复高考那一年,父亲在地上画 xyz,给哥哥姐姐讲解方程式"的情景,施一公至今难忘。1985年,在河南省实验中学高中毕业时,因在全国高中数学和物理竞赛中分别获一、二等奖,他获得了保送资格。

施一公最初想读北大物理系,他认为"那是最聪明的人的选择"。然而,当清华大学的招生老师向他形容"21世纪是生命科学的世纪"时,他觉得这个学科"听起来很牛",加之他一向敬仰的父亲是机械专业出身,对清华有感情。施一公最终选择了清华,成为清华大学生物系复系后的首届本科生。

虽然对生命科学并不了解,但从小就是尖子生的施一公还是自信满满。"没想到,刚一入校就感觉很崩溃。"他发觉"身边优秀的人太多了"。"他们说起术语一套一套的,我还没听懂老师讲什么时,就有同学问下一个环节的知识点了。我觉得自己没有前途,会一事无成。"施一公至今难忘当年的沮丧。

然而,"人活一口气"。在家庭的影响下,从小就想当工程师或科学家的施一公,在学习上十分好强。"我是从河南驻马店走出来的,一直无法忘记小学老师对我说,要给驻马店人争光。儿时好友曾经送给我一句话——'希望我能成为诺贝尔奖获得者少年时代的同窗',我现在想起来还很激动。"正因为这样,施一公告诉自己一定要争气。虽然他大学期间并不确信自己今后会从事生命科学研究,他仍然在1989年以生物系年级第一名的成绩提前一年毕业,还以优良成绩修完了数学系双学士学位的所有课程。在清华期间,喜爱体育锻炼的他,是清华大学田径队的主力队员，曾经创造了学校的万米竞走纪录。

1990年初，施一公获全额奖学金，赴美国一流的研究型大学——约翰霍普金斯大学攻读生物物理学博士学位。

刚到美国的施一公又受挫了，兴趣不定影响了他的科研，读博的前两年，他总是想转到计算机系，学校甚至一度想停止为他提供奖学金。不服输的施一公憋着一口气，努力背单词、做实验，甚至在日记里写道："有什么了不起，老子是清华的！"终于，他慢慢进入了状态。一次，系主任兼实验室导师自认发现了一个生物物理学中的重大理论突破，激动地向学生们演示，施一公当场指出导师在某个演算环节中的漏误。从此，导师对他刮目相看。1995年，施一公获博士学位，导师破例公开宣布"施一公是我最出色的学生"。

次年，施一公到纽约斯隆-凯特林癌症研究中心结构生物学实验室从事博士后研究。此间，他终于认定"细胞凋亡"才是自己喜欢的研究方向，虽然这一方向与他博士后实验室的研究方向不同。1997年4月，还未完成博士后研究课题，他就被普林斯顿大学分子生物学系聘为助理教授。1998年初，他在普林斯顿大学创建了自己独立的实验室，开始了对细胞凋亡机理的研究。

2003年，由于探究神秘的抑制"细胞凋亡抑制因子"的蛋白SMAC，对破解致癌原因这一生命科学之谜作出了突出贡献，施一公被国际蛋白质学会授予鄂文西格青年科学家奖，成为获得该奖项的第一位华裔学者。当年，施一公36岁。2005年，他当选为华人生物学家协会主席。

施一公在普林斯顿的执教前景也一片光明——2001年，获普林斯顿大学终身教职；2003年，成为普林斯顿大学分子生物学系史上最年轻的正教授；4年后，被授予普林斯顿大学最高级别的教授职位——终身讲席教授。

这位势头猛劲的年轻科学家，不仅在普林斯顿大学春风得意，还从2000年起，成为哈佛、麻省理工、杜克、密歇根等10多所美国顶尖大学争抢的对象。

为了留住施一公，普林斯顿给他提供了优厚的条件：实验室面积是普林斯顿大学分子生物学系40多位正教授中最大的，科研基金是系里最高的。

在比美国历史还要悠久的学术殿堂普林斯顿，施一公登上了巅峰。

"大牛"归来不是一个传说

"施一公要回来啦！"从2006年起，清华大学就流传着这样的"爆炸性消息"。

"就科研环境来讲，国内大学无法与普林斯顿比肩。国内学术圈的规则，也往往让海外学者无法再适应。"这是很多海外学者的共识。

何况，那时的施一公在普林斯顿如日中天：除学校给予他稳定的资金支持外，他申请了11次美国国家基金，10次中标。一个基金会也在资助他的科研，一些美国的大公司还与他合作支持他的科研。仅凭在美国国立卫生研究院（NIH）的5个独立科研基金就可以一直支持实验室到2012年……他在美国的生活也很优越：学校资助他购买了独栋花园别墅，同是清华毕业的妻子在国际制药大公司工作，一对龙凤胎儿女享受着快乐的美式幼儿园教育……

会不会只是个传说？很多人不敢相信。

2007年4月，施一公在清华大学的实验室正式开张，施一公归来终于"板上钉钉"。

"作出回国的决定，只用了一个晚上。"他说。

2006年5月，施一公回国参加4年一次的中国生物物理学年会。其间，时任清华大学党委书记陈希找到他说："清华急需人才，希望一公回国。"当晚，施一公就在电话里得到了远隔重洋的妻子的支持。第二天，他告诉陈希："我愿意全职回清华工作，但我在普林斯顿尚有20名科研人员的实验室，需要一个过渡期。"就这样，施一公作出了轰动国际生命科学界的决定。

2006年6月，施一公迅速进入了过渡期，向普林斯顿校长提出回国。校长劝施一公不必全职回国："暑假有3个月，平时你还可以回国两个月，什么事情5个月还做不完？""我认为，全职回国对普林斯顿和清华的贡献比我全职在普林斯顿更大。"施一公委婉拒绝。

2008年底，施一公再次走进了曾让他事业起飞的普林斯顿，这一次，他是来告别的——正式辞掉了普林斯顿终身讲席教授一职。

"很多人认为我错了，认为我疯了。连我在美国的亲戚们都觉得我脑筋有问题。"施一公笑说。

普林斯顿物理系的一位教授，在香港意外邂逅施一公时，用了两个小时，滔滔不绝地向他阐释"你作了一个错误的决定"。施一公一位很要好的学术界朋友在一次聚会中对他说："一公，你现在豪情万丈，肯定用不了两年，就会被国内的大染缸染得看不出颜色。"

"我的意志很坚定，国内学术界的潜规则改变不了我几十年形成的人格和做事方式，两年后不会改，20年后也不会改。如果改了，我会觉得很悲哀！我会问自己：回来干什么?！"施一公回应。

施一公的坚决反响巨大，国内主流媒体纷纷大力报道，一些媒体称他归国的意义不亚于当年钱学森、郭永怀的回归。与此同时，正值西方国家开始关注中国每年飞涨的科研经费与中国对海外高层人才的招揽趋势，施一公引起了众多国外媒体的关注。《纽约时报》用"震惊"一词形容施一公回国。

在海外的华人科学家中，施一公的归国举动也迅速引起轰动。

"施一公这种大师级的人物能够放弃美国优厚的科研环境，回国创业，可谓海外华人的典范。"国际知名神经科学家鲁白这样评价。

"在美国的华人科学界，通常存在这样一个疑问，像施一公这种级别的人回国，能否适应中国的人文环境与科研制度？因为中美在科研体制方面，比如基金的评审和申请等方面都存在相当大的不同。施一公为我们树立了榜样。"美国杜克大学药理系教授王小凡说。

清华大学常务副校长陈吉宁如此评价施一公的归国举动:"会带动大批一流的海外华人科学家回国工作。中国大学的教授队伍建设和学科建设,已经开始需要一大批国际性的大师级人物来领衔。"

这种现象,被媒体称为"施一公效应"。

困难与挫折无法浇熄满腔热忱

回国之后的施一公,想大干一场。

"比我在普林斯顿时玩命多了。"施一公说。刚回国时,他办公室的灯光常常会亮到夜里两三点,大年初一都会出现在办公室。他将自己的睡眠时间缩短到平均每天不到6小时。虽然清华附近有很多他喜欢的餐厅,让他胃口极好,睡眠的减少还是使他看上去很瘦。

体力上的辛苦并不影响施一公在精神上生龙活虎,在清华的每一天他都很激动。然而,网上出现了一些批评他的声音,让他一度有些烦恼。

"他是回来捞钱的。""他有着不可告人的个人目的。""他想带回自己的学术亲信。"

对于这些批评,施一公曾感到伤心且难以理解。"回国就是出于一种特别朴素的感情,有什么好奇怪的呢?"

施一公坦言,刚到美国时,他没有想过一定要回国。1987年,令他深深敬仰的父亲遭遇车祸,因为没有得到及时救治而去世,因此怀有不满情绪的他当时对祖国没有什么留恋。然而,到美国后,他遭受了一系列更大的刺激:参加聚会时,有些中国人支支吾吾不愿说自己是中国人;办签证时,中国人不仅签证费高,还总被查户口似的盘问;过境时,外国人把护照晃一下就可以了,而拿中国护照的人,常常被移民官严格地翻包。更为过分的是,美国主流媒体经常出现妖魔化中国的报道,这让他感到"很憋屈、很气愤"。

"那时我就想,有一天,我一定会回国!"施一公说,"况且,中国还有很多东西亟待改进,从科技体制和基金评审到大学教学和科研水平,相对于美国一流大学还有相当差距,比较起在美国,我觉得我回来以后可以有更大的作为,这种成就感对我来说很重要。"

2008年8月,网上又有人质疑施一公申请国家杰出青年科学基金(外籍)不符合程序规定,质疑他的全职身份。施一公又一次成为舆论焦点。

"在普林斯顿,上至校长,下至系主任,从我实验室的博士生到博士后,都知道我即将辞职,实验室会逐渐关掉。事实上,我在普林斯顿大学早已进入离职的过渡期,只有清华大学一个固定职位。"提及此事,施一公仍感不平,"我夫人当时还在美国,她从美国同事那里听说我在网上遭到攻击,不愿意回国了,我又劝了大半年,她才同意回来。如果说我有什么感到愧疚的,只觉得对不起放弃工作的妻子和我在普林斯顿的学生。"

"我有话憋不住,国内很多现象都很邪乎。"即使遭遇攻击,施一公也经常面对媒体表达自己对国内学术状况的不满:"一些学者利用自己的名望,在与自己无关的科研成果中挂名。不诚实比巨大的科学错误更可耻。""有的教授带了很多研究生,但忙于各种非学术类事务,根本没时间指导学生。""国内大学和国外大学有一个比较大的差别:国外的行政是服务学术的,教授发言权很大;但在国内,行政对学术的控制太多。"尖锐的言论又给他带来一些麻烦。

如今,对于遭遇的一些质疑,施一公已经能够理性理解:"或许是被关注得太多了,或许是倡导改革动了一些人的奶酪。确实也有一些海归学者没有坚持自己在美国的学术操守。"但是,从感性出发,他仍感不平的是:"想干一些实事,怀着满腔热忱,为什么会招来这些不明不白的非议?"

施一公想,那就用事实来证明。

"施一公效应"助建科研"理想国"

"传说,那些获得诺贝尔奖的科学家,听说得奖时很惊讶。在我看来,那只是传说,很多科学家都是冲着这个奖项去的。这没什么不好,人就是要有志向、有理想。"施一公说。

施一公的归国理想是：第一，从事教育，影响一批年轻人；第二，在清华建立一个世界一流的结构生物学中心、一个世界一流的高级人才培养和尖端生命科学研究基地，与大家一起努力发展中国的生命科学和基础医学研究；第三，与一批志同道合的朋友一起推动我国科教体制的改善。

在他看来，对人的培养是"第一要务"。

"普林斯顿是美国最适合作研究的地方，如果只从科研角度出发，我没有必要回清华，我回来的根本目的是为了育人，育人在育心。"施一公说，"现在的大学生缺乏理想，缺乏一种任何情况都不会放弃的东西，这让我很担忧。"

于是，除了亲自对实验室里的每位研究生作系统指导，把实验室里的十数名学生培养成成熟、练达的科研人员，这位尽量找各种理由推掉很多行政会议、项目评审和公众活动的科学家，出现在了一些面向大学生的讲座中。

"在生活中可以知足常乐，在科研和事业上永远不可以。""不要磨光了自己的棱角，我不相信没有棱角的人会作出好的科研。""作科研一定要敢于批判，我的观点都是主观的，供你们批判。"这样的话语，经常会伴随他讲述的人生经历跳出来，引来学生阵阵掌声。"我还想给清华的本科生开思想政治课。"施一公说。

除了把时间花在他最钟情的科研上，其他时间施一公大多忙于"招兵买马"。2008年至2009年间，在面试了60多位教授、副教授候选人后，22位充满活力并极具学术能力的科研者加入了清华团队，已经15人有了自己的实验室。在未来5至10年中，清华计划在生物医学科学领域聘请110至130位独立的实验室负责人。谈及此，施一公豪情万丈。

"有了好的人才，一定要为人才建设好的学术环境，以教学和科研为主。"施一公说。为此，从2007年起，施一公便开始筹划生命科学学院的人事制度改革：一边理顺与明确院系行政领导的权责，减少学院领导在行政事务上的重复劳作,一边计划建立与国际接轨的教授终身制评价体系,采用终身教职系列、实验教学系列、科研系列、教育职员系列,不受其他制度制约。"改革方案已提交学校领导,过了这个坎儿,学院的科研建设就会像多米诺骨牌一样,产生连锁反应。"施一公说。

与此同时,施一公与他的团队开始进行教学改革。除了为本科生减免学分,加强学生自主性,还在教育部的支持下,与北大和北京生命科学研究所整合资源,创建了一个联合的研究生项目。近百位参与该项目的教授,将选择自己擅长的研究领域进行模块教学。

对于更加长远的目标,施一公毫不讳言:"今后10年内,每年都会有一些有重大国际影响的成就,每两三年可以有在科学史上具一定地位的成就出现在清华。在清华生命科学学院,创制一个适合人才发展的管理模式,而在这里尝试的软机制,也可以在中国其他地方被复制。"

除了创建他和团队成员心中的科研"理想国",有一件事情施一公绝不会限制自己的时间——"与信任的同事共同为政府部门提供实质性的政策建议"。2008年5月,施一公被邀请到中南海与国家副主席习近平和其他高层官员讨论中国科技的未来。教育部曾多次就相关事件征求他的意见,统战部将他与北京大学生命科学学院的海归院长饶毅的报告传达到高层中央领导,中组部在引进海外科学家方面倾听了他们的建议。

另一项让他不遗余力的工作,就是最大化"施一公效应"。2009年岁末,拟作为特邀报告人赴美国圣地亚哥出席华人生物科学家大会的施一公,因故无法出席。他将一封"致华人生物学家协会"的长信发给了协会成员王小凡和利民,信末写道:"最好的支持是以你们在美国坚守的职业道德标准为中国服务。"

如今,虽然每天还是十分忙碌,但施一公对国内的生活已经很适应。最让他欣喜的是,去年6月,他迎来了归国的妻子与一双儿女,科研也走入正轨。

偶尔,他会想起这样一个场景:2009年10月5日,他在国庆观礼后飞至位于美国纽约长岛的冷泉港开会,会前顺访普林斯顿,住进小镇的一家旅馆里。"343",他惊诧地看着这个房间号,历史竟如此巧合。12年前,摩拳擦掌地准备到普林斯顿面试的他,就是住在这个旅馆的"343"房间。12年后,他已卖掉了在普林斯顿的房子,回到祖国实现理想。

每当想起这个情景,施一公就会更加清醒:"美国梦"已经成为过去,"中国梦"是他的未来。

《中国教育报》2010年2月5日

02 周有光：105 岁的"语文工作者"

本报记者·王珺　本报通讯员·杜永道

人物介绍

当人们听到弥赛亚的乐曲，会想到作曲家韩德尔；见到电灯，会想到爱迪生；而当我们用汉语拼音写短信、邮件时，是否会想到他的名字——周有光？

新的东西还没有成熟，你就批评它、压制它，这不好。你让它发展，发展到一定时候，它自己会调整的。假如它有生命力，那么就进入词汇里去了，没有生命力，自然就会被淘汰。

——周有光

周有光今年 105 岁了，这位长寿的语言学家刚刚出版了杂文集《朝闻道集》。数字在年轮上的叠加并未使这位文化老人不堪重负，反而因宽仁的心态而愈显睿智，筋骨亦保持着令人惊讶的健康。

一个春日普通的上午，他穿着烟灰色开衫毛线衣坐在小书房的书桌前，用他的电脑打字机写文章。"我没有事情做嘛，没有客人来就看书，看了有趣味的东西我就写点文章。《群言》杂志是 20 多年前胡愈之先生创办的，创办时找了 20 个人写文章，现在 19 个人都死了，只剩我一个了。"他笑着说，"上帝糊涂，把我忘掉了。"一直到今天，他还每月给《群言》写一篇文章。2010年2月号上，他写的是《漫谈台湾的语文改革》。

周有光生于清朝光绪年间，一生中经历了晚清、北洋、民国和新中国四个时期，有人戏称他是"四朝元老"。

他还有个"周百科"的雅称，但他摆摆手说："那是沈从文开玩笑讲的。一个人应当知识面广一点，不过我还不行。"

在教育部和原国家语委举办的"庆贺周有光先生百龄华诞座谈会"上，这位百岁老人在致谢辞中同样表现出老一代知识分子的谦逊儒雅，他说："我对语言学始终没有走进大门，实在惭愧！语言学有三个核心部门，语音学、词汇学和语法学，我都没有走进大门。我搞一点语文现代化工作，只是摸着语言学的一点边边而已。所以我再三对人说，不要称我为语言学家，我至多是一个语文工作者。"

他喜欢孙女小时候对他的调侃："爷爷，你亏了，你搞经济半途而废，你搞语文半路出家，两个半圆，合起来是一个'○'！"他幽默地自嘲："一点不错，我就是这么一回事。"

仿佛觉得不该笑得这么开心似的，他一笑就用手挡在嘴前，那样子愈发有种顽童般的稚气。

"半路出家"

常州青果巷是个神奇的地方，从那里走出了三位语言学家：瞿秋白、赵元任、周有光。

对周有光来说，1955年是人生的转折点。那年10月，时任复旦大学经济学教授的周有光受邀来京参加全国文字改革会议。会议结束后，文改会的领导对他说："你不要回去了，留在文改会工作吧。""我不行，我业余搞文字研究，是外行。"周说。"这是一项新的工作，大家都是外行。"面对这样的盛情，本就对语言学有兴趣的周有光怀着一份朴素的热情，"哪里需要就到哪里去",一头扎进语言学研究领域。

"'中国语文现代化运动'有一百年历史,是中国从一个古老的封建国家变成一个现代国家必须走的道路,所以当时这个会议非常重要。"回忆当时的时代背景,老人侃侃而谈。

作为汉语拼音方案的主要创制人之一,周有光提出口语化、音素化、拉丁化的基本原则,得到了语言学家们的认同。

1958年2月,全国人民代表大会通过了汉语拼音方案决议,同年,汉语拼音成为全国小学的必修课。周有光在北京大学等高校讲授汉字改革课程,其讲义《汉字改革概论》系统、全面地总结了三百余年汉语拼音字母的演进史和中国人自创拼音字母的历程。

1979年,周有光代表中国出席国际标准化组织在华沙举行的会议,提出采用汉语拼音方案作为拼写汉语的国际标准的议案。1982年ISO/TC46用通信投票的方式通过了中国的议案,从此,《汉语拼音方案》成为罗马字母拼写汉语的国际标准。

1955年之前,周有光的身份是上海复旦大学、上海财经学院经济学教授。再往前追溯,1923年,他考入上海圣约翰大学主修经济。语言学对他,是"右手累了,改用左手"的那只左手,"当我看书看得疲倦了的时候,改看语言学的书有重振精神的作用,好像右手累了,改用左手,可以使右手休息似的"。

周有光读中学的时候,"有一位老师思想很新,常对我们宣传白话文。'五四'运动之前,中国的民众已经慢慢开始接受一些现代化的思想"。回忆起自己的中学时代,老人觉得许多事今天讲来很有趣味:"我上学的时候有两个特点,第一呢,当时提倡国语,可是没有人讲国语,老师教书都是用方言;第二,当时已经提倡白话文,老师也提倡,可上课学的都是古文,写文章一定要写古文,儿女给父母写信一定要写文言,写白话文在那时是大不敬。"在大学读书时,周有光积极参加了拉丁化新文字运动。

1946年,周有光被新华银行派往欧洲工作,在那里,他发现欧洲人对字母学很重视，于是买了许多字母学的书自学，"想不到隔了许多年后还有用处"。

读大学时，周有光就发表过关于文法的文章，他自称"那是很幼稚的"，而后在关于拉丁化新文字运动的文章中，提出了一些改进意见，还介绍了世界各国的文字。"在当时看来，这些是新东西。因为这个缘故，他们叫我到文改会来工作。"老人从书架取下一本薄薄的小册子，"新中国成立后，文字改革的争论集中在是用民族形式的字母还是用罗马字母。我就根据我所了解的写了本小书，叫作《字母的故事》，想不到影响很大。中国从来没有人介绍字母学，我从历史角度阐述这个问题，人家觉得很新奇。"

和我们这些因使用电脑而常提笔忘字的"年轻人"一样，年迈的周先生也笑着"抱怨"："20多年不写字，我的书法退化，不会写字了。"但他喜滋滋地说："打字机方便得不得了，打拼音就可以出来汉字。"早在20世纪80年代，日本一家公司根据周有光提出的"从拼音到汉字自动变换不用编码"的设想研制出电脑文字处理机，给周试用。自此，老先生于80高龄率先"换笔"，打字、处理材料、编辑书稿均借助这台机器完成。老伴张允和参与编辑家族内刊《水》，周先生不仅教会了80多岁的老伴使用电脑打字机，还亲自排版，并风趣地说自己甘做"义工"。

周有光曾语重心长地说："我们失去了一个大众化的打字机时代。现在，来到了计算机时代。如果输入汉字必须经过记忆编码的特别训练，不能像外国字母那样方便，那么，中国计算机也只能由专业者使用，不能成为大众化的语词处理机。我们在失去一个大众化的打字机时代以后，不能再失去一个大众化的语词处理机时代。"北京大学教授苏培成如此评价周先生这种科学的预见性："在今天，绝大多数人使用中文电脑时用的都是拼音转换法。感谢周先生给我们指明了中文输入的光明大道，使我们加快了进入中文信息处理时代的步伐。"

"可以说是拼音推广了手机，手机推广了拼音。以前很多人反对拼音，现在没有人反对了。随着国际往来大大增加，拼音变成文化往来的桥梁了，发挥了大的作用。"说到汉语拼音在社会生活中发挥的作用，周有光笑得合不拢嘴。

有人说，周有光的"半路出家"使中国多了一个语言学家，少了一个经济学家。而在美国国会图书馆，如今既藏有经济学家周有光的著作，也藏有语言学家周有光的著作。两个半圆相接，形成的是一个完美的圆！

一生有情

在老人背后的墙上，挂着那幅他与夫人花丛伴读的照片。照片上，尽管两位老人都花白了头发，却自有一种儒雅和美的气韵。周有光习惯称夫人张允和为"我的老伴"。

叶圣陶曾说："九如巷张家的四个才女，谁娶了她们都会幸福一辈子。"周有光就是幸福者之一吧。

在 2008 年出版的《周有光百岁口述》中，有相当篇幅写他与张允和"流水式"恋爱的始末。1925 年暑假，周有光因九妹的关系而与张允和结识，当时，容貌秀丽的张允和就读于上海吴淞中国公学，担任女学生会主席。周常找借口去看她，但张总是躲，因此而得"温柔的防浪石堤"的绰号。终于有一天，周有光的"浪头"冲破了张允和的"石堤"，他们一起去江边散步。为了缓和紧张气氛，周有光拿出一本英文小书，上面有莎士比亚那句名言："我要在你的一吻中洗清我的罪恶。"

经过长达 8 年的爱情长跑，周有光与张允和于 1933 年结为伉俪。作为连襟，沈从文特地在张、周二人的结婚照背面写下"张家二姐作新娘，从文"几个字。

张允和这位气质典雅的大家闺秀，20 世纪 50 年代被人教社聘去编历史教科书，"三反五反"打"老虎"时被当作"大老虎"打回家做家庭妇女，于是潜心读书，研究昆曲，辅助俞平伯创立了北京昆曲社。

1998年，国际教育基金会评选中国百对恩爱夫妻，周有光、张允和成为入选者中年龄最大的一对。"人家问我们，你们的生活为什么能和谐呢？"周有光拿出白手帕，擦擦嘴角，笑眯眯地说："古代讲举案齐眉，我们两个上午喝茶、下午喝咖啡，都要碰碰杯子，我们叫举杯齐眉。这个小动作好像是玩意儿，其实有道理，什么道理呢？就是说夫妇不仅要有爱，还要有敬。要敬重对方，双方才会和谐愉快。现在为什么那么多人离婚啊？一些人结了婚就不尊重对方了，那么你不尊重我，我也不尊重你，就吵架离婚。家庭不愉快其实是很痛苦的。你下班回来，家庭愉快，就会得到很大安慰。"

周、张二老跨越世纪的爱恋被晚辈戏称"红茶电脑两老无猜"。

"我这里故事很多，谁来开这个门，这门里面就有故事，要是没人开这个门，我自己就忘了。"讲过去的事情，老人喜欢以"我有一个笑话"开头。他讲了个曹禺的故事。当时曹禺的衣服破了，冬天，耗子在夜里跑到他棉袍的隔层里去了。他白天一穿："怎么回事啊？怎么发抖啊？"他还以为自己在生病呢，其实是耗子在里面动。

老人津津乐道于"门里边的故事"，其实他自己也有故事。有一次，一位编辑去拜访，张允和讲了个故事，周有光坐在一旁的小板凳上听。听完故事，见客人兴致高，周有光把小板凳往客人身边挪了挪，说，我也给你讲个故事吧。等他一开口，张允和和客人同时哈哈大笑，原来，之前张允和讲的就是这个故事。这是因为耳朵不好，周有光自己闹的笑话。

周有光的孙女周和庆出生时，周家是四代同堂，周和庆的儿子出生时，周家是"四代同球"。从小在爷爷奶奶身边长大的周和庆记得自己在人生低谷中，爷爷给了她毫不打折的鼓励和支持，也记得小时候犯错时，爷爷不同寻常的惩罚方式："我做错事，爷爷曾经把我放到很高的书架顶上去反省。爸爸告诉我，他小时候也吃过爷爷这一招。"她永远记着爷爷常常对她说的"人生就是一场马拉松长跑，不要太在乎一时之长短"。

周有光家的客人总是特别多，各种年龄层次、各种文化背景的都有。

给周家干女儿许宜春留下深刻印象的是，20世纪50年代，到干爹家吃饭的竟有"右派"朋友。而从周的书中我们看到，在大"右派"章乃器最落魄潦倒时，周照样去登门探望。

华东师大中文系教授高家莺至今珍藏着周有光1981年写给他的一封信，那是针对他和范可育就完善《汉语拼音方案》提出建议的复函。"周先生当时已不赞成我们的建议，但信的开头却说，你们的意见是对的，我们当年也是提出这些建议的。这一下子消除了我们的顾虑，保护了我们的积极性。然后，周先生不厌其烦地说明不宜采取我们建议的八点理由，使我们不仅在这个有关汉语拼音的具体问题上心悦诚服，还深深为周先生调查思考之周到，对后辈教育、开导、爱护之良苦用心所感动。"

独立思考

小辈们都喜欢与周有光交谈，别看他年纪一大把，但世界上正在发生的事他都知道：从中印关系的改善到中东局势为什么总是剑拔弩张；从巴以历史纷争到"9·11"本·拉登为什么要撞毁世贸大厦；从后资本主义时代有什么特征到新加坡为何发展迅猛……可谓秀才不出门，尽知天下事。

周有光认为自己这个本事得益于在大学时学到的读报法。"我读的圣约翰大学是教会学校，我常去学校的阅览室。有一次我在看报，一个年轻的英国老师把我和另两个同学找出去，说跟我们聊聊天。他问，你们看报怎么看的？我们说看报就是看报，还能怎么看？他说不对，看报有方法。你每天看报要问自己三个问题：今天哪条新闻最重要？为什么最重要？这条新闻的背景是什么？假如你不知道，去查百科全书。我按照他的办法来看报，知识很快发展。所以学问不一定是上课得来的，老师几句话会对学生影响很大，我到现在每天看报还会这样去问自己。"

作为第一批进洋学堂的学生，周有光接受了新文化、新思潮的洗礼。

1923年,他考入中国最早的新式大学圣约翰大学。1925年,上海发生"五卅惨案",圣约翰大学的华籍师生集体离校,自办光华大学。同学们挥泪走出校门时的心情是"吾爱吾师,吾尤爱祖国"。

"作为一个知识分子,在任何时代都要独立思考,这也是我的老师教我的。人家问我,你对今天的教育有什么建议,我说就是要提倡独立思考,这一条非常重要。"

对周有光而言,思考是一种习惯。在宁夏平罗"五七"干校时,他负责看守白菜窖,通过观察,总结出了令人忍俊不禁却是历史真实的"白菜理论"。

北师大中文系教授王宁的评价精准地概括了周有光老人独立思考的一生:"他坚持着冷静的观察,客观地品评着是非。中国的语言文字问题是中国文化的晴雨表……在这种变幻莫测的风云中,有人坚持己见脱离时代陷于保守,也有人失去理智贸然超前流于偏激,更有一些无耻之徒逐潮附势成为墙头的草。但是,只要顺着时间顺序看周有光先生的书和文,你会觉得,他在与时俱进地调整着自己的思想,从来没有随着潮流、跟着权势东歪西倒……他在风云变幻中赢得了追求真理的真诚。"

解放初期,陈毅任上海市长时,在一次座谈会上,周有光以经济学家的敏锐眼光,对当时共产党一些不按经济规律办事的做法提出了意见和建议。

现在,面对网络语言、新词热词的涌现,许多人担心把语文搞乱了,周有光一如既往地沉着:"新的东西还没有成熟,你就批评它、压制它,这不好。你让它发展,发展到一定时候,它自己会调整的。假如它有生命力,那么就进入词汇里去了,没有生命力,自然就会被淘汰。"

周有光80岁以后,发表了一系列探讨文化问题的文章,谈到中国文化与现代文化的关系时,他一针见血地指出:"中国长期封闭,厚古薄今观念根深蒂固,以为文化就是固有文化,东方与西方势不两立,不是西风压倒东风,就是东风压倒西风。时代变了,这种认识需要改变。现在再谈中国文化将统治 21 世纪是可笑的。统治 21 世纪的不是东方文化，也不是西方文化，而是世界共同的现代文化。"

有人称喜喝咖啡、爱看好莱坞大片的周有光是"新潮老头"，但老人并不喜欢"新潮"二字。他说："我认为整个世界、整个人类、整个社会都是不断进步的，在这进步中，新的东西就被人接受了。"记者问："您是怎么保持年轻心态的？"他笑着说："保持年轻是不可能的，老了怎么能年轻呢？人是要保持一个清醒的心态，脑子要清楚，不要糊涂。年轻人也有糊涂的呀，所以心态跟年龄没有关系。"

知者乐，仁者寿

"97 岁去体检，医生以为我写错了年龄，给我改成了 79 岁。"难怪医生自作主张，周有光老人除了耳背眼花，其敏捷的思维和健康的体态与真实年龄形成的反差的确令人惊叹。

2003 年圣诞节，孙女回北京发现爷爷面色焦黄，便陪同到医院看病，住进病房不到 5 分钟，医生就将一张"病危通知书"递到她手上。"我怔在那里，然而爷爷却依照他的老习惯去检查防火通道了。"及至被护士们架回来，老爷子还是平素那样一脸微笑地说："不要紧，不要紧，慢慢来。"经过一系列的检查，结果并无大碍，但住在医院里的爷爷因其与 97 岁高龄不相符的健康体态而成了医院一景，打水的、扫地的、送饭的，甚至左邻右舍的病员都来看爷爷"好嫩的面相"。爷爷高兴地说："我是大熊猫，让他们来看吧！"

五代单传的周有光，年轻时患过肺结核、忧郁症，结婚时算命先生说他只能活到 35 岁。

自从过了 80 岁生日，周有光便从头开始计算年龄了。92 岁时他收到小朋友寄来的贺卡，上边写着：祝 12 岁的老爷爷新春快乐！

1947 年，周有光在美国与爱因斯坦有过两次会面："他非常随便，穿的衣服都没有我讲究。"他对爱因斯坦的一段话记忆深刻："一个人的一生到 60 岁为止，工作是 13 年，除了吃饭睡觉之外，业余时间有 17 年。能不能成功，就看你怎么利用你的业余时间。"

"猝然临之而不惊，无故加之而不怒。"遇到难题，周有光就搬出古人的话来应对。他说："遇到困难，你要找一个缝缝，从这个缝缝里面可以走出去。'文化大革命'时，下放'五七'干校，只许带一本书，可我带了不同文字的《毛主席语录》一共 20 本，开始做比较文字研究。"周有光八九十岁高龄仍著述颇丰，许多人感到奇怪，他解释说："其实我一早就开始研究了，材料早弄好了，就差整理了。"

1969 年被下放宁夏，许多人以为再也回不来了，非常忧愁。"我觉得很有趣味，假如不是'文化大革命'，宁夏这个地方我可能不会来。而且体力劳动竟把我的失眠治好了，所以看似不好的事也有好的一面。"周有光如是说。当时，65 岁的周有光和 71 岁的教育家林汉达被派去看守高粱地，两位老先生仰望星空，热烈讨论中国语文大众化问题……他们高声交谈，好像对着几万株高粱在演讲。当此情此景被定格在历史的大背景下，一代知识分子的高远追求以另一种表情存留于人们的记忆中，正像周有光老人喜欢说的，"很有趣味"。

周有光的学生、教育部语言文字应用研究所研究员冯志伟回忆说，1981 年去探望周先生，一进门，地板就咯吱咯吱响起来。我们说，没想到像周先生这样世界知名的大语言学家住房条件这样差。他笑着说："如果地板不响，我怎么知道你们来了呢？"

20 世纪 50 年代，周有光调到北京工作后就住在位于沙滩的文改会宿舍了，那是民国时期给北京大学德国教授住的小洋房。"当时人家听说我住在德国教授的洋房里，以为一定是很好的，想不到这个房子破烂得不得了。""房间阴暗，更显得窗子明亮。书桌不平，更怪我伏案太勤。门槛破烂，偏多不速之客。地板跳舞，欢迎老友来临。卧室就是厨房，饮食方便。书橱兼做菜橱，菜有书香……使尽吃奶力气，挤上电车，借此锻炼筋骨。为打公用电话，出门半里，顺便散步观光……"周先生这首戏仿的《新陋室铭》乐观豁达地描述了生活环境的窘迫，其健康智慧的生活态度跃然纸上。

如此看待世事，是否因一生顺遂？事实上，一个世纪不可能没有惊险和挫折，可贵的是他战胜了恐惧和屈服。读中学时家道中落，靠向姐姐的朋友借当支付学费得以读完大学；抗战期间，6岁女儿小禾去世；两年后，儿子晓平中流弹险些丧命；他自己也于逃难途中经历过炸弹在身边爆炸的惊险……

2002年，老伴猝然离世。"她忽然离我而去，使我如临霹雳，不知所措。有一天，我偶尔想起，青年时代读书，有一位哲学家说，个体的死亡是群体进化的必要条件。我豁然开朗，这就是自然规律。"这是他的绝招，"想不通的时候，你拐个弯就通了啊。"

周老有"三不"：不立遗嘱，不过生日，不过年节。还有"三自"：自食其力，自得其乐，自鸣得意。

"老不老，我不管，我是活一天多一天的。"他讲着讲着便笑出声来，如孩童般乐不可支。

《中国教育报》2010年4月23日

03 何兹全：择善固执之 爱国一书生

特约撰稿人·马宝珠

人物介绍

何兹全经历的百年，从晚清到民国，从民国到新中国，再到迈向世界强国之林的21世纪，真乃"三千年未有之大变局"，风生水起，潮起潮落。百年的时光，自称"小人物"的何先生从山东菏泽西当典街何家老宅走出山东，走进红楼，走出国门，走进美国哥伦比亚大学霍普金斯研究院。1950年，响应新中国的召唤，何先生毅然踏上归国之路。百年时光倏忽而逝，正如何先生对自己的评价"一辈子做学问，一辈子不忘情国家"。

我生的时代，是世界、中国千载不遇的大变动的时代，也是一个大浪淘沙的时代。时间都浪费掉了！我是"幸运"的，也是"悲剧"的。

——何兹全

几块绿地，为坐落于北京师范大学校园内的小红楼平添了静谧。小红楼二幢的何兹全先生家却门庭若市，来者敲门即入，就像进自家门。"有一次，几个学生来看你们先生，边敲门边大喊'鬼子进村了，鬼子进村了'，你们先生站在门口一个劲儿地笑。"何师母生前曾多次向我讲起这一情形。

一般说来，人们进大教授的家是有顾忌的，但到何先生家却如此轻松。一方面，何先生精神矍铄，年近百岁时仍可随时应对来者；另一方面，何先生与何师母平易、热情、风趣、健谈。

我也在造访者的队伍里。我与何先生相识于20世纪90年代初。虽不是他的入室弟子，但大学毕业后，因工作关系经常请先生赐稿，或请先生出席学术会议，渐渐地，便与何先生一家熟络起来。我曾多次走进这个充满笑声、活力、书卷气的家庭，吃过饺子，品过香茗，那种如沐春风之感，至今回忆起来仍觉温暖。

在北大读书的四年，是过去生活最幸福的时期

菏泽，全国著名的牡丹花出产地，何兹全先生在这里度过了童年时代，读私塾，进学堂，上中学。"四书"、"五经"、《古文观止》等中国传统典籍为他打上了人生底色。

1931年，何兹全走出齐鲁大地，到北大读书。如果说，孔孟遗风给予他最初的雨露滋润，那么，北大这方沃土则让他的生命之树抽青吐翠。自由的学术空气，丰厚的文化资源，使年轻的何兹全眼界大开。在这里，他被胡适、傅斯年、钱穆等教授的风采深深吸引。"他们讲课都很生动，析理清楚、深刻，引人入胜，处处有他们独到的见解，使你佩服。老一代的学者，学问根基很扎实，重要古籍都能上口背诵。"何先生生前回忆说。

在北大，他接触了辩证法和唯物史观，阅读了马克思的《资本论》，恩格斯的《家庭、私有制和国家的起源》《德国农民战争》，也浏览了考茨基的《基督教之基础》、托马斯·莫尔的《乌托邦》，这为他日后的学术生涯打下了理论基石。大学二年级，他开始阅读《资治通鉴》"二十四史"。"每天钻进图书馆看书，书读多了，自然就有心得，就有想法。"伴着青春的激情与锐气，何兹全的学术之舟启航了。

他写的第一篇论文《北宋之差役与雇役》不久刊登在北京的《华北日报》上。翌年，他又撰写了《中古时代之中国佛教寺院》。大学毕业前，他竟写出了《魏晋时期庄园经济的雏形》《三国时期农村经济的破坏与复兴》《三国时期国家的三种领民》《中古大族寺院领户研究》等7篇学术论

文,深得教授们的赞扬。年轻的何先生却保持了难得的清醒:"20多岁的人,所写的文章是很肤浅的。材料掌握得不多,但胆大敢于乱说,自然也有些新见解。"他的毕业论文《中古大族、寺院领户研究》以扎实的功力得到肯定,老师给了他88分的好成绩。

每当回首往返于文津街上的北京图书馆与北大东斋(他当时的住所)"啃"《大藏经》的情形,何先生便难耐激动:"在北大读书的四年,是过去生活最幸福、最愉快、最有意义、生活得最像个人样的时期。我童年也是比较幸福的,但童年是在天真无知中生活的。北大四年,是在有知识、逐渐认识世界、认识自己中生活的,比起童年,是高层次的幸福。"

与命运攸关的决策,去史语所是一次,回国又是一次

1935年北大史学系毕业后,何兹全远赴日本留学。在短暂的一年里,日本军国主义的嚣张气焰压得人们喘不过气来。他感到,此时不是读书时,此地不是读书地。国内形势使他进一步认清,中国共产党人才是爱国的,剿共就是屠杀爱国者,是不能容忍的。

1936年4月,他毅然回到祖国,积极宣传抗战,宣传国内外形势。"皖南事变"发生后,他预感内战将不可避免,于是,又产生回到书斋读书、做学问的念头。1944年,他来到位于四川李庄的历史语言研究所(简称史语所),在这里奠定了一生从事历史研究的基础。

在史语所,他撰写了《东晋南朝的钱币使用和钱币问题》《魏晋的中军》《魏晋南朝的兵制》等文章。在这些论文中,他最感欣慰的是,继《三国时期国家的三种领民》之后,他在《魏晋南朝的兵制》一文中对世兵制的提出和论述。这一阐述,揭示了世兵制的实质,对人们认识魏晋南北朝社会具有启迪意义。此外,他对世兵制的形成、制度化及其最终被破坏等问题也作了详细论述。这两篇论文加之他日后(1980年代)发表的《孙吴的兵制》《府兵制前的北朝兵制》等系列论文得到了学术界的高度肯

定。学界人士认为，这几篇论文基本上厘清了三国、两晋、南北朝兵制演变的脉络，填补了魏晋南北朝史研究领域中的空白，对于府兵制的形成提出了具有重大学术价值的观点。

1947年5月，何兹全远赴美国，到哥伦比亚大学历史研究所研习欧洲古代史和中世纪史。他留学的目标很明确——学欧洲史是为了与中国史进行比较，为了更好地研究中国史。

在哥伦比亚大学，何先生阅读了大量欧洲古代中世纪的书，并同时在该校的中国史研究室工作。两年后，霍普金斯大学国际政治学院一位教授要翻译我国历史学家范文澜的《中国通史简编》，需要助手，何先生被介绍到那里工作。但此时，何先生并不平静，国内形势强烈地撞击着他的心。1948年间，何先生一度做过《纽约新报》的主笔。他利用这个阵地，撰写了多篇社论，揭露国民党统治的黑暗。

当新中国的曙光出现在东方地平线的时候，他面临着人生的三岔口：回到祖国大陆？继续留在美国？还是应老师傅斯年之邀到台湾史语所？经历了思想挣扎，他终于作出选择：回到祖国大陆。"祖国的召唤让我决计回国，这种感情、这片心意很质朴也很实在，我只是那个时代爱国人群中的一个。"1950年9月，他满怀对新中国成立的欣喜之情，登上了横渡太平洋回国的轮船。

对于这段时期的经历，何先生很看重："与我的命运攸关的决策，1944年去史语所是一次，1950年从美国回国又是一次。"

"写文章，尤贵在有创始性、突破性"

从踏上祖国土地的那天起，何先生就把自己的命运与祖国的前途紧密地联系在一起。"我一生治学都是紧贴国计民生的，因为唯物史观告诉我，必须坚持抓重大问题。"他把历史研究作为人生的重要内容，凭借深厚的学养与坚强的毅力，在中国历史学的园地里辛勤耕耘，笃学敬业。

一位与他同辈的史学家评价说:"检验科学理论正确与错误的方法中有一种是'证伪'。要对何先生的观点'证伪',我想不是那么容易的。即使不同意何先生的观点而另持他说的学者,也不能不认真慎重考虑何先生的意见,以促使自己的研究再深入下去。"晚辈、后学仰慕他的学问:"何先生极为喜欢开拓新领域,自青年治学始至今一直保持学术创新实力,这实在是极其不易且许多学人难以企及的。"

的确,何先生的许多学术见解深深镌刻在学人心中。1934年,何先生在《食货》杂志撰写论文,首次提出中国封建社会形成于汉魏之际的观点。1958年,时任北京市副市长兼管教师进修学院的吴晗请史学界人士作报告,何先生也在受邀之列。他以"魏晋时期社会经济的变化"为题,阐述了四个具体问题:从交换经济到自然经济,从编户齐民、奴隶到部曲、客,从土地兼并到人口争夺,从流民到地著。何先生认为,这四条是汉魏之际中国由古代社会进入封建社会的基本根据。

1956年,"百花齐放,百家争鸣"的方针提出后,何先生进一步对中国古代社会深入研究,撰写了《关于中国古代社会的几个问题》,明确提出了"中国封建社会始于汉魏之际"的观点。这一学说在中国史学界产生非同寻常的反响。几十年之后,问及何先生对这一观点的看法,他依然很坚定。不追风,不苟同,独立之思考,自由之精神,择善固执,自成一派,他的学术风骨令人感佩。

"我自信我所服膺的是马克思、恩格斯的辩证法"

何先生丰硕的学术研究成果,得益于他马克思主义史学观的确立。这是何先生的信念,也是他学术生命不竭的源泉。他常说:"我之所以有今日,是比别人早一点接受了马克思主义辩证法的结果。"

他首次提出中国封建社会始于汉魏之际是在20世纪30年代,当时马克思主义传入中国不久,而将马克思主义观点与中国古代社会结合进行科学分析的学术研究,更是处在早期阶段。

何先生运用翔实的史料进行论证,并在以后的研究中不断加以完善,从而形成中国古代史分期问题讨论中的一派。"汉魏之际社会经济有变化,认识到这变化是由古代到封建社会形态的变化,而又给予它系统的理论说明并以可靠的历史文献证成其说,大约是我第一个提出的。"面对坚实理论基础与深厚学术功底相结合形成的新观点,何先生充满了自豪。

此后,凭借马克思主义唯物史观作理论基石,何先生敢为人先,独具一格,在历史研究的征途上一路前行。"我自信我所服膺的是马克思、恩格斯的辩证法、史学理论和史学方法。这也是马克思、恩格斯史学的生命力。""固执"这样的信念,在中国魏晋南北朝史研究这个领域,他与另几位先生以论考双精、学贯中西、变通古今的功力,将中国魏晋南北朝史研究推向了一个新的阶段。

在对中国古代历史长期思考、科学研究的基础上,他的《中国古代社会》一书于20世纪90年代初期问世了。这部近50万言的著作涉及的内容十分丰富,对早期国家、古代社会作了全面而系统的阐述。全书洋溢的科学精神与独到见解又让人们为之一振。何先生"让史料讲话,实事求是"的治学宗旨极大地鼓舞了史学界同行,专家称这部书"反映了90年代中国古代史研究的最新突破,标志着中国史学研究最新水平"。何先生也因其独树一帜的学术创新精神,被誉为"一位眼界开阔而又不失深邃的学者;一位具有通贯的识见和学力,能够把历史的诸多方面融入历史的整体,又能从整体上把握诸多方面的相互联系与相互作用,并且阐发清楚的学者;一位实事求是、严谨踏实的学者"。

"一辈子做学问,一辈子不忘情国家"

"我这个人的好处是有理想,有事业心,有抱负,很想为国家为人民做点事。""一生爱国,关心政治,又一生离不开读书做学问,这就是我。"

1926年至1927年，何兹全沉浸在北伐军胜利的喜悦中。他每天都迫不及待地读报纸，跟着北伐军的进展查地图，其政治、地理知识不断长进，"心和热情也跟着北伐军的前进而沸腾"。后来，国民党和蒋介石的真实面目暴露出来，尤其是蒋介石围剿共产党时，他的思想发生了变化。"我忽然清醒了，认为蒋介石是千古罪人。这时，是我感情上最靠近共产党的时期。"

回忆起当年放弃在美国的优厚待遇，何兹全说："是'祖国'这两个字的神圣力量把我这游子召唤回来的。回国救了我的政治生命，也救了我的学术生命。"

从年轻时的抉择到耄耋之年老而弥坚，何兹全对中华民族、中国文化充满责任感、使命感。1995年12月，何先生应台湾清华大学思想文化研究室之邀到台湾讲学。他从中国文化的起源、背景、发展讲到中国未来的前途，并表示致力于国家统一事业，在台湾学界产生深刻影响。他指出，中国文化未来的前景是乐观的，因为未来世界应是一个一体化的世界、和平的世界、大同的世界，而这个方向与中国文化的特质相符合。

"请看风急天寒夜，谁是当门立脚人"

多次听何先生谈话，印象较深的有两次。

一次，他说荀子"不以所已藏，害所将受"，以及《中庸》的"诚之者，择善而固执之也"对他影响极大。他解释说："这两句话是辨证的，一方面要有主见，一方面要善于学习。"后来，我慢慢观察，这种自信中不失自谦的精神在何先生身上表现得异常鲜明，而当这种精神融入生命的时候，就成为一种巨大的力量。诚如1991年周一良教授在何先生八十寿辰时对他的评价："念兹在兹勤学问，神全形全乐期颐。"

另一次，何先生谈起往事时讲到他的老师香谷先生。他回忆说，香谷先生曾以圣贤之言教导学生，其中一句是"请看风急天寒夜，谁是当门立脚人"。他解释，这句说的是在困难危险面前不动摇、不低头的知难而进精神。在漫长的人生路上，他铭记香谷老师的教诲，每逢遇到坎坷与不幸，他对先生的话就有了深一层的理解，对先生的怀念就更加深厚。

何先生的"风急天寒夜"可谓至急至寒：2007年，他唯一的独子，曾任北京大学副校长的何芳川突然被病魔夺走；第二年，相濡以沫70年的老伴也离他而去。我相信，那个时刻，所有与何先生相知的人都想挺身替这位百岁老人挡一挡那如匕首般凛冽的人生厄运。可是，人们心里清楚，这"当门立脚人"没有替身，只能由他独当。在送别何师母时，我看到轮椅上的何先生悲痛欲绝。

他一定想起了，抗美援朝时，师母把心爱的小古玩也献了出来，她说，这东西对国家有点儿用。

他一定想起了，何师母与客人聊天时的神采：唐诗宋词、正史经典、武林好汉、民间歌谣……谈笑间，她信手拈来，风生满堂。

他一定想起了，20世纪90年代，何师母把出版社给的3325元稿费，全部捐给了当年遭遇水灾的6个贫困孩子，说"钱要用在正地儿"。

他一定想起了，2006年，96岁的他整理文集时对老伴说"桑榆晚情逢盛世，不用扬鞭自奋蹄"，92岁的老伴则举着放大镜读报写作、议论国事。

两年后，何先生离我们而去。在他身后，也留下人们无限的思念、深情的缅怀。

人们记得，他与夫人把19两黄金捐献给国家支持抗美援朝；汶川地震后他拿出1万元捐给灾区人民；他用给老师傅斯年编书的稿费设立了贫困研究生奖学金，多年来悄悄资助困难学生并要求保密；他请年轻教师到家里改善生活；他一次次退掉兄弟学校给他的讲课费。

人们记得，他曾经对自己老师傅斯年的某些学术观点提出不同意见，他真诚地说"吾爱吾师，吾更爱真理"，而在傅斯年先生墓前他却长跪不起，依依不舍。

人们记得，他和老伴对所有来客热情之至，而一旦谈起社会上的不正之风、贪官劣迹、学校食堂里白花花的馒头被扔掉时，便愤懑不已。

……

风雨中，何先生走完了"爱国一书生"的人生路，为中国学术留下了浓墨重彩。在送别何先生的仪式上，"寝馈书林逾七旬，治中西学成一家言，功在史坛称巨擘；尽心庠序臻百岁，教多方士育数代人，泽贻后学仰先生"的巨幅挽联是一代宗师的人生缩影。百岁老人，一部大书，留待后人阅读、品评。

《中国教育报》2011年3月4日

04 潘文彦：爱物理也爱文学

本报记者·董少校

人物介绍

潘文彦，1933年1月（壬申）生于宁波市西郊河母渡乡潘村。1954年秋，以同等学力考入上海交通大学电力系工企自动化专业（五年制）。从毕业到退休一直在大学和中学教物理。但他又非常爱好文学，读大学期间开始师从《开明国语课本》的绘画作者丰子恺学习古典文学，一步步走入文学的天地，本职之外，还兼职讲授古典文学、古文字流变等方面的课程。

物理学很有趣，它与人生的道理是相通的。我跟物理打了一辈子交道，从中获益很多，有一些可能就融入思想理念之中了。

——潘文彦

工科生出身，一辈子担任物理教师，却有着非同一般的文化功底。他是怎么做到的？记者几次走进潘文彦先生家，探访这位智者文理兼通的奥秘，听他讲述成长的故事和感悟。

追随大师的足迹

在潘文彦的书桌上铺着一页当天撕下的日历，反面用圆珠笔竖写了苏东坡《后赤壁赋》："是岁十月之望，步自雪堂，将归于临皋……"写到"履巉岩，披蒙茸，踞虎豹，登虬龙",将纸用尽。记者问:"这是准备做什么用的?"潘先生道:"你过来之前,我闲来无事,默写着玩的。读背古文的事情,说来话就长了。"

潘文彦从小学生时代起,就非常喜欢丰子恺的漫画和散文,对他仰慕已久。1957年,他读大三时,偶然从《文汇报》读到一篇写丰子恺的文章,很受感动,就慎重地去信求教。不久收到丰子恺回复,他欣然前往丰氏居所日月楼拜访,而后,逐渐建立起亲密的联系,成为丰氏弟子。丰子恺告诉潘文彦:"要学好古文,至少背诵二三百篇,让古人的东西成为自己的积累。"潘文彦找来《唐诗三百首》,尽管本专业课程非常紧张,他还是坚持读背。

过了一些时间,潘文彦几乎能把三百篇唐诗全部背下来,又去找丰子恺请教。丰先生说:"能背诵《唐诗三百首》固然好,但我说的是文章,是大块的经典古文,不是古诗词。这些文章可以从《古文辞类纂》里选,好文章要读懂、读熟、背熟,成为自己的养料。"潘文彦不以为苦,到福州路旧书店买回上下两册《古文观止》,对二百多篇文章反复研读,真正下了功夫,背熟的有一百多篇。"交通大学课业负担之重,是出了名的。"有一百多篇古文打底,写起文章来就不一样了。说起这些,他心里总是感念丰子恺老师的教导。

许多人会有这样的感觉:在20来岁读大学的年龄,记忆力已远不如中学时代,背东西会格外吃力。潘文彦并没有受过正规的中学教育,但是在大学课业方面,总不肯落在人后。他很动感情地说起,受到数学家朱公瑾教授的青睐,投影几何学蔡有常教授指定他为课代表。他不参加文娱活动,用在文学上的时间,完全是靠一点一点挤出来的。即使在"文化大革命"中,也没有放弃对古文的钻研。

潘文彦告诉记者:"当时背诵的一两百篇古文、几百首唐诗,都成了自己的养分。过一段时间回来想想,还是新鲜的。我现在还能一字不落地背诵几十篇经典长文章。"无怪乎他至今仍可熟练地默写《后赤壁赋》。

大学毕业后,潘文彦被派到江西工作,后来又调到浙江的一个小镇王店，任中学物理教师，但仍然和丰子恺保持通信联系，回上海时也常去看望。"文化大革命"期间，丰子恺被打成"反动学术权威"，受到无休止的批斗。但潘文彦反而对他恭敬有加，决无弃离的念头。每每回沪，多到日月楼去安慰老人，在风雨飘摇中，丰子恺也乐意和弟子倾心交谈。

记者看到潘文彦家里保存着不少丰子恺写给他的信，从信中不难看出丰子恺与弟子的师生情缘。当时外在环境极端恶劣，"批林批孔"甚嚣尘上，丰子恺也有作品被列为"黑画"而遭到批判。他却心地安定，从容视之，为弟子送去温馨的关念。透过文字，也可以看出丰氏与潘文彦的深厚情谊了。

1975年丰子恺去世后，潘文彦非常悲痛，发宏愿为恩师编撰年表。当时"四人帮"尚未倒台，资料收集工作只能秘密进行。他充分利用教书之余，先后访问过刘质平、吴梦非、郑晓沧、程十发、王西彦、钱君匋、沈本千、裘梦痕、陈瑜清等，并到丰子恺家乡石门湾实地寻访，多方征集有关史料，编成了初稿；他又自己动手刻印、装订，冒着一定的政治风险，向外界征求意见。潘文彦说，这是报师恩。经丰子恺女儿丰一吟校订，年表呈交新加坡广洽法师，由他在香港出版。杭州师范大学弘一大师和丰子恺研究中心主任陈星教授说，潘文彦先生编撰年表，为丰子恺研究作出了无可替代的贡献。"他的拓荒性工作，自有其特殊的意义。"

潘文彦始终追随丰子恺，弘扬他的事业和精神。参与撰写《丰子恺传》，捐资为丰子恺漫画馆兴建漫画碑廊。每到丰先生逢五逢十的诞辰、逝世纪念活动，或是关于弘一大师、丰子恺的学术研讨活动，他都会积极参加。2009年出版的潘文彦《若己有居文集》包含三卷内容，首卷"丰门立雪"即为怀念及研究丰子恺的相关文章，总共十三篇。由于各种原因，还有一些纪念文章没能编入。

2010年春，上海卢湾区丰子恺研究会成立，潘文彦受邀担任顾问，继续为传播丰子恺的思想艺术而尽力。

妙手著雅致文章

记者见到在丰子恺来信的背面,是潘文彦给他老师回信的草稿,正好写满了一页纸。

子恺先生吾师左右:

顷接慈诲,并手书古诗四幅均收。下问近况,堪称平安。学生自春节叩别尊颜,于二月一日返校。本学期仍任教高一物理,四个班。每周十二教时,尚能自知自持,三月上旬曾返沪二天,因公私事均繁,不克趋叩高斋,远劳吾师悬念,诚惶诚恐。

今年春长,惊蛰过后,柳丝已报江南绿,田野一片青郁;然气温常在摄氏十度左右,乡间更其如此,不及"日月楼"中酒酣兴浓,神来笔到,意趣盎然。

校中"批林批孔"正在开展,且逐步引向深入,与上海形势比较,浙江问题较为复杂。好在学生于此少问,不敢有违师训,公余之暇,有农人送来腊酒盈樽,吟哦吾师赐予古诗,真有无限意趣。

耑此奉复,敬请春安

丰师母暨华瞻、一吟诸兄均此

受教于您的学生　文彦　谨叩

这样的信,仪态庄重,词句典雅,一种浓郁的师生之谊流露在字里行间。当时潘文彦任浙江王店中学的物理教师,而他对古典文学的热爱,一直珍藏在心。从这封信中,也可以看出他的古文功底和内心情怀了。

字为红颜色,潘文彦解释,他在批改作业之余为回信打草稿,就顺手用了红笔。"那时并不觉得这样的信有多珍贵,加上纸张缺乏,所以就拿信的背面来用。"说到这里,他不无惋惜,但又接着说道:"我写给丰先生的信，有的没有草稿，有草稿的，后来都不知去向，反而这封信，留下了一点印痕，正是雪泥鸿爪。"

上海人民出版社出版了一本书名叫《留云十方》，图文并茂记录云翔寺的风貌，其中的文字全由潘文彦执笔。当初他接到该寺院的托请，要求的时间十分紧迫，他只用三天就完成了。

上海著名作家彭瑞高对潘先生的文字功底赞不绝口。他说，云翔寺就这么一点地方，摄影家已经把照片拍到极致，要为图片作文注释，不是一件容易事。"我干过类似的活儿，深知其中甘苦。"但潘先生却游刃有余，哪怕景物相似的照片，也可以写得各具情态，充满禅意和天趣。为此，彭瑞高把潘文彦称作"智慧的诗人"。

其实，不只画册的释文，云翔寺的《重修碑记》出于潘文彦手笔，刻在门前的巨石上；寺内的钟铭、熏炉铭和对联也都是他拟撰的。可以说，潘文彦的文字为云翔寺注入了神韵。

《若己有居文集》首篇为潘文彦写给广洽法师的信，是他在编完《丰子恺先生年表》后，对来龙去脉所作的说明。这封信用文言写就，总共一千余字，读来意重情浓，老辣有劲，字字珠玑，写出了他在艰难时世八方搜求资料的过程，洋溢着对丰子恺的怀念和对广洽法师的敬仰，颇有古人文风。

如文中这样评说丰子恺的成就："唯各门艺术之间，融会贯通，互相借鉴，形成和谐统一之风格，恬淡雍容，自然明快，文如其人，风神潇洒……"寥寥数语之间，气势纵横捭阖，评艺论人无不精到。

1979年，广洽法师在香港出版《丰子恺先生年表》，将这封信头尾略加改动，作为后记。随着年表的传播，潘文彦的文采渐渐扩散开去，此事在香港文化界引起热议，潘先生也因此结识了不少香港的朋友。台湾一位文艺评论家这样评价："他的文章清醒婉约，文字隽永，尤其使人激赏的是那充溢纸面的一片真挚之情。所以，读他的文章，总会给人思想上、意蕴上深刻而厚重的感觉。"

上海玉佛寺首座、上海佛学院常务副院长淦泉法师读了《丰子恺先生年表》，致函邀潘先生任佛学院文学教席，潘文彦如实相告："我是读理工科出身的，没有受过文学的科班训练，恐怕难以从命。"淦泉法师又去信力邀："拜读丰子恺老居士年表，阁下之古文功底深厚，任本院学僧之文学教席，堪称相宜，无须过谦。学时之安排，悉听尊便，可与贵校错时进行。"言辞恳切，盛情优渥，潘文彦便答应试讲。自1984年起，潘文彦受聘担任上海佛学院文学教席，后又被聘为上海佛学院研究班古文化教授，直到1994年退休，先后任兼职10年之久。

从一篇短短的年表后记中，可以见得潘文彦古文水平之一斑。很多人会疑惑：潘文彦在解放后才接受大学教育，学的是理工科，他怎样在古典文学方面达到了这样高超的程度？记者也以此向潘先生询问。

他从容地说："有个成语叫水落石出，你一定听说过吧？一般都以为语出苏轼的《前赤壁赋》，其实，欧阳修在《醉翁亭记》中已经提出。冬天，水势低下去了，石头就显露出来。"潘先生笑笑，接着又说："现在看我的文章水平似乎高一些，实际比起前辈学人来，那就差远了，他们是真正的群星灿烂，熠熠生辉。随着那一代人的离世，社会上整体的文化水准都在下降，是冬天的枯水期，显得我和别人不一样。其实我是文学的门外汉，是编外的。"

探究文字的意趣

潘文彦常说，中国文化博大精深，写文章有许多讲究，文字里也包含着无穷的奥秘，需要不断学习、研究和领会。

有一次，潘文彦和云翔寺管理者在寺院里散步。仰望气势巍峨的钟楼，潘文彦忽然觉得有点不对劲，向管理者说道："你看，牌匾上的'鍾'字，肯定是个错别字。"对方仔细看了几眼，觉得纳闷，就问："哪里不对了？"潘文彦说："敲钟的钟、钟表的钟繁体字应为金童的'鐘'，而钟爱的钟、钟情的钟才是金重的'鍾'。"这位管理者回去查字典,发现正如潘文彦所说。他们怕拂了原先书法家的面子,就另请一人重写,刻了之后换上去。

"书法家应该懂一些文字、文史方面的知识,否则就成了书匠。"潘文彦感慨道,"特别是寺庙这样的地方,经常迎来国外、港台地区的华人代表,他们使用繁体字,如果看到有这样的失误,可就闹笑话了。"

柏林禅寺云水楼的对联也出了问题,显示从右往左读去为"百城烟水终归弥勒之楼,一宿因缘遂识曹溪之路"。潘先生告诉记者,对联下联的韵脚应为平声,这是撰写联句最起码的常识,所以应该反过来。他分析:"撰写者林子青老居士文学造诣非常高,不会犯这种上下联对调的低级错误,一定是书法家搞错了,主事者也没看出来。这是很可惜的。"

潘文彦多次前往东南亚,作中国古文化方面的讲座。他曾在菲律宾讲授古文字流变,说到这样的意思:汉字造字法中 90% 以上是形声字,通常人们说声旁表声,称声符;形旁表义,称意符。但是他解释说,声旁常常也有实义。如"袍"字有把身体包起来的意思,所以是外衣,声旁"包"是有意义的;同为衣字旁,"裹"中间有个果实,即有内涵;"衬"繁体字作"襯",和身体亲近的衣服才叫"衬",现在,闽南、潮州一带"衬衫"读成"qinshan"。细细研究,声符是有意义的。

又如"戋"字,本意是"细微"。用它来作音符的字,都有细微、量少、时短等含义。水少为"浅",宝贝、价值少了为"贱",用于表示吃送别之宴请的"饯",其含义是吃了这次宴请,就结束了。他讲到这里,一名学员举手提问:常见的"钱"字没有什么多少的意思吧?这时候,许多双眼睛都盯着潘文彦,期待着他的回答。潘文彦问:"你先说说钱是什么?"该学员即拿出一张纸币说:"这就是钱。"潘文彦说:"这是钞票,现在叫纸币,是后来才出现的。早先说的'钱'是铜币,方孔圆钱,故称'孔方兄',它所代表的货币数量是很少的。为什么?真正价值高的货币是金锭、银锭,即通常人们所说的元宝,对不对?"学员们心悦诚服。

潘文彦也曾前往华东师范大学、四川师范大学等高校作关于大学生日常礼仪和古文字方面的讲座，很受学生欢迎。

不少学员都有这样的疑问："一个个有趣的文字故事，是哪里来的呢？"潘文彦说，这些知识并非来自某一本特定的书，都是在长期的学习中琢磨出来的。他时常翻阅文字工具书，不光有常见的《现代汉语词典》《说文解字》，还有民国年间出的《小学生字典》《增广诗韵全璧》等，积累既多，逐渐就融会贯通了。但凡作对联、制字谜、吟诗填词等，都是熟能生巧，道理相近。

"除夕就是年尾。打一个字。"潘文彦出了一个字谜让记者猜。对记者来说，当然一时没有方向。他随即给出答案："舛"。潘文彦从年轻的时候就爱好制谜语，投给《新民晚报》，如果被采用，他可以得到五角钱的稿费。"当然不是为了赚钱，只是一种纯粹的乐趣。"潘先生笑嘻嘻地说。

物理中感悟人生

不熟悉潘文彦的人，初次听到他的讲座，或者在参加研讨会时交流，往往佩服于他的渊博学识。在《〈开明国语课本〉的不朽魅力》讲座之初，他说道："三九天气，再三天就是大寒节气，一年中最冷的日子。大寒是二十四节气之一，应该说这不是阴历，是实实在在的阳历，因为它是根据地球与太阳的位置来确定的。"他谈起闰年的来历、规律，更是显示出一位物理老师特有的严谨。随后他说：《开明国语课本》里，课文多次配合时令，讲农村生活，这是它的特色之一，所以我把时节的问题讲在前面。"乍一听，以为他本来就是从事古文化研究的学者。熟悉潘文彦的人则说：他出身工科并擅长文科，是文理兼通的两栖学者。

记者就此问潘先生："您退休前一直从事物理教学，也始终没有放弃在文学路上的探索。在内心里，您对自己是怎样定位的呢？会不会觉得专业工作对兴趣爱好是一种束缚？"

"当然不会。"潘先生直爽地说,"物理学很有趣,它与人生的道理是相通的。我跟物理打了一辈子交道,从中获益很多,有一些可能就融入思想理念之中了。"

潘文彦受邀去玉佛寺试讲时,设定的题目是《相与本的关系》。潘文彦对学僧们说,本是指事物的实质,相是事物的表现形态。譬如水有三态,高等物理学中称为三相,平常为液相的叫水,热则成气相,叫水蒸气,寒则为固相,叫冰。这是不同的相,而其本就是 H_2O。在潘文彦,如此比方可能是信手拈来。学僧们大致有高中学业水平,通过物理知识领会佛学原理,一听就懂了,而且牢记在心。

"热力学里有个概念叫熵,很有意思。"潘文彦举起茶杯对记者说,"半杯冷水和半杯热水,混合起来可以成为一杯温水,但你要把一杯温水分成一半冷水一半热水,而不化其他的能量,就做不到。温度差也是一种势,构成一种可利用的热能流。"他由此引申道,在社会生活中,绝对的平均主义是不可取的,干多干少一个样,干好干坏一个样,都是同样的收入,搞原子弹的还不如卖茶叶蛋的,人就没有积极性了,这样的社会怎么会进步?他很认真地道出一个观点:"差异的存在,是人类社会进步的动力。"

又比如一盆浑水,刚刚搅动完,是一片浑浊的样子;过一些时间后,泥沙沉到盆底去,水也变清了。潘文彦说:"从物理上讲,泥沙颗粒不能溶解于水,这现象表明时间会让事物显现出本来的面目。在哲理上,自然科学与社会科学有一点是相同的,都遵循'实践是检验真理的唯一标准'这个大道理,这是很有深意的。号称科学的什么什么主义,终究不能为实践所证明,这是伪科学,是借科学之名,用来骗人的。"

"当然,物理的规律并不能生硬地平移到生活中。上体育课叫'立定',我们不能请体育老师改成'相对速度等于零'吧?"潘先生风趣地说。

如今,80高龄的潘文彦记忆力依然非常好,头脑反应迅速,一点也不输年轻人。他经常和正在读初中的孙女逗乐。普朗克常数是多少？潘文彦一口就能答出：6.626乘以10的负34次方焦耳秒。他有时也会考孙女：17乘18等于多少？75乘76等于多少？孙女要拿起笔算很久，他则只要两三秒就脱口而出。

桐乡艺术家叶瑜荪与潘文彦交往，觉得潘文彦条理清晰，思路敏捷，每次谈话都会得到许多启发。读者阅读潘文彦的作品，也可以感觉到行文用词都非常严谨，或许内中就包含着理工科训练的影响与积淀。

退休后的潘文彦在经济上无可顾虑，但他严于自持，过着一种克俭、朴素的生活。他伸出手臂跟记者打趣："我毛衣上的补丁是出于需要补上去的，你的毛衣买来时就有补丁，是装饰用的。"记者承认确实如此。原来，那件毛衣是潘先生60岁生日时收到的礼物，足足穿了20年，肘部已经磨破，不得不打补丁。他的棉鞋已穿了3年，还完好如新，而当初买来时不过6元钱。他说："衣服最主要的功能是保暖，当然，也要整洁大方。但用华丽的衣着打扮自己，总不如用渊博的知识来充实自己。"

春节期间，潘文彦的学生到他家拜年，看到他依然粗衣淡饭，不禁感慨："老师还是30多年前的老样子。"潘文彦道："不是老样子，是样子老了。"他的风趣引得大家大笑起来。

《中国教育报》2011年4月15日

05 佟明耀：为了黑土地上冬麦飘香

本报记者·郭萍

人物介绍

历史上，黑龙江省曾是我国春小麦的主产区，种植面积一度高达3400多万亩。然而，随着全球气候转暖，小麦这种喜冷凉作物的种植受到极大冲击，致使春小麦生产逐年萎缩至300万亩左右。"九五"期间，农业部曾组织引进国外最抗寒冬小麦品种进行试验种植，但均以失败告终。"黑龙江、吉林、内蒙古北部不能种植冬小麦"。专家们对我国高寒地区种植冬小麦彻底失去了信心。

有一个人不接受这样的结论。他，就是东北农业大学退休教授佟明耀。

解决农业生产最需要解决的问题，真正给农民带来效益和实惠，是一个共产党员、一个农业科学工作者的责任和使命。

——佟明耀

佟明耀住在东北农大教师宿舍楼。2012年5月的一天上午，记者一口气上了四层楼，敲开了他的家门，多少还是有些气喘。86岁的老人每天上上下下，吃得消吗？佟明耀笑着说："我一直在锻炼身体呢！"

1993年，68岁的佟明耀退休了。享受着国家特殊津贴待遇，告老还乡之日，可谓功成名就，可以好好享享清福了。可是他心中总有不甘：自己正有使不完的劲，难道只能打打门球、搓搓麻将？

1956年，佟明耀从东北农学院研究生班毕业，就一直在这所大学任教，作为一名小麦育种专家，他先后育成了5个春小麦的优良品种，是我国知名的春小麦育种专家。可是如何使冬小麦在高寒地区生长一直是佟明耀的心结。在岗时，教学科研任务繁重，没时间集中精力研究。现在有了大把的时间了，佟明耀和老伴郑家兰商量：搞冬小麦育种吧。退休了咱们也不评职称了，没有啥顾虑，也没有啥压力。搞成功了，就当是为国家作点贡献，不枉国家对我们的栽培；失败了，也不遗憾，至少为后人"蹚蹚路"，积累一些材料和经验。郑家兰退休前也是东北农大的研究作物栽培的副教授，对佟明耀的想法举双手赞成。

不过，退休了不比在岗，没有立项，没有经费，更没有团队。佟明耀没有在乎这些，"冬小麦育种，咱自掏腰包也要干！"

佟明耀和老伴从学校遗传育种教研室"借来"半亩试验田，又以每年200元的租金租了半亩试验田，这可贵的一亩地就成了佟明耀退休后施展抱负的舞台。

深厚的理论功底和实践经验使佟明耀坚信：广泛引进外国品种不可能解决我国北方种植冬小麦的问题，因为所有的作物品种都是在育种地的条件下栽培选育而成的，它具有最适应育种地的条件和性能表现，这就构成了品种的区域性，引进地条件和育种地条件差异太大，注定国外那些优良品种是要失败的。所以，要为黑龙江培育安全越冬的冬小麦品种，就必须自己动手在黑龙江这种特殊的地理位置和气候条件下搞冬小麦育种。

育种专家的科研工作是在大地上完成的。灌水、追肥、锄草，佟明耀和郑家兰把地种得比养花还精细。育种的过程艰辛而漫长，需要大量的人力物力。退休前佟明耀搞育种，都有一个团队分工合作进行。可这一次，就是"二人转"。

最紧张、最艰苦的阶段是六七月份。六月中旬小麦开花，首先是除去雄蕊的花，两天内必须完成授粉。为了挑麦花开得最盛的时间进行人工授粉，佟明耀和老伴不敢偷闲半刻，雨天也不能停，吃饭的时间也省了。错过花期，又是一年啊！

每天早晨四五点钟就起床下地，一干就是五六个小时，等到晌午才回家吃饭。虽说地不多，可是也有上万株苗，一株一株地去雄，一株一株地授粉，每完成一株最快也要五六分钟，几个小时下来就是年轻人也会累得直不起腰，何况是两个古稀老人！七月收获期到了，为了挑选表现最出色的单株，老两口还要在试验田里，弯着腰一株一株地收割。

七月酷暑，汗滴如流。有一天早晨，正好邻居到早市买菜，看见老两口又是水桶又是锄头的"全副武装"出门，感叹说："都这么大岁数了，好好在家养老多好，何必受这个累呢？"

最初那一亩田就在校园里，佟明耀常常骑着自行车，后座上带着老伴去试验田，鹤发童心，成了农大校园的一道风景。

寒来暑往，整整 8 年过去了。2002 年，佟明耀终于选出稳定越冬的优良品系。他为这个新生儿起名"东农 024"。

根据国家种子法规定，新品种的审定必须经过实地生产试验。一个没有正式立项的科研课题，哪个地方愿做"吃螃蟹的第一人"呢？佟明耀的目光落在中俄边界的饶河和虎林。这里有自己的学生，更重要的是，这里的气候条件具有黑龙江寒地地域特点，佟明耀决定要让新品种在最严峻的条件下经受考验。

他的研究也引起了黑龙江省种子管理局的重视。管理局种子科科长王宪国是个较真的人，他先后 5 次跟随到饶河县的试种区现场考察，对产量、品质、越冬性能、返青率、抗灾能力等进行综合考察，结果被折服了。

饶河、虎林距离哈尔滨有八九百千米，一夜的火车下来，还要坐三四个小时的汽车。生产试验阶段，佟明耀每年都要跑三四次，指导新品种的试种、管理和推广，每次都得一周左右。旅途遥远、车马劳顿，佟明耀和老伴常常跑得脚都肿了。可是看着冬小麦终于扎根黑土地，老人高兴地说：

"人生难得老来忙啊！"

2005年，佟明耀80岁了。"东农024"终于摆在了黑龙江省农作物品种审定委员会专家们面前。尽管各项标准皆符合审定要求，谨慎苛刻的专家们还是不大相信黑龙江严酷的冬季能有安全越冬的冬小麦新品种。加上当时还缺少抗倒春寒方面的试验结论，委员会决定再观察一年。10年的艰辛劳动，明明是水到渠成的事，可还是遭到质疑，有人替老人鸣不平。但佟明耀爽快而自信：那就再种一年看看！

又一个冬天过去了，返青的麦苗长得欢实，就像急欲长大报母恩的孩子。到丰收测产，300亩冬小麦最终亩产超过300公斤。4年间，"东农024"不论多雪或少雪年份都能较好地越冬，越冬返青率达80%至100%，远远高于国际标准品种。省农作物品种审定委员会委员多次到试种现场进行鉴评，一致给予了较高评价："东农024"抗旱、抗寒能力属世界领先水平。

新品种打破了黑龙江省不能种植冬小麦的预言，以它稳定优良的性状"闪亮登场"。

首先，这一品种每年9月上旬播种，它在越冬前即可长出五六片叶子、三四个分蘖和大量根系，因此大大提高了小麦抗春旱能力；其次，由于冬小麦生育期提前、成熟期可避开高温，使得籽粒饱满，实现高产。

还有一点也很重要，老伴郑家兰也是一位栽培专家，针对黑龙江冬季雪量不均衡、风大、春季水分易蒸发的情况，她发明了冬小麦保护越冬栽培法。冬小麦在大豆收获前套播在大豆田垄沟内，不仅起到了防风遮雪保墒的作用，还切实解决了大豆重迎茬问题，真正实现合理轮作，使得多种作物协调增产。

新品种彻底打破黑龙江一年只能种一季作物的宿命，破天荒地实现了"两年三作"，有效提高了土地生产率；由于此种方式还可免耕一年，大大降低了生产成本。

满意的当然不仅仅是专家。黑龙江省委书记吉炳轩专门批示："这件事情办好了,黑龙江的粮食生产将会有新的飞跃。"

最受益的是饶河县。最初,饶河县农技推广中心副主任董广林心里总是不踏实:"这要是种不成,人工不是白搭了?"一年过去,新品种的优异表现打消了董广林的疑虑。他这下来了劲头,第二年种植50亩,第三年扩大到300亩。如今,饶河县的冬小麦全部都是种子田,要供应全省的试点,哪里舍得吃啊!

农民们用实实在在的行动支持着新品种。那些农民"佟粉"们以自己的方式执著地推广,绥棱县的农民岳喜航自己背着种子一路北上,发誓要在漠河北极村里种冬小麦!

新的冬小麦品种诞生了,按规定育成者有权提议命名。两位老人辛苦了12年,又是退休后的个人研究成果,就是叫"佟明耀冬麦1号"也无可挑剔。可佟明耀没有这样做。许多种子公司也闻讯赶来,提出高价购买新品种的知识产权和相关研究材料,老人都婉言拒绝了。他说,我和老伴都是东农毕业生,在这里学习、成长、工作、成家生子,退休了也没离开这里,我们忘不了党的培养和母校的培育之情,科研成果就交给学校,为学校争光,新品种就叫"东农冬麦1号"。相关的研究资料、所有的一切都无偿献给了学校。

12年的艰辛终成硕果。一连串的荣誉毫不吝啬地抛向老教授:2009年,佟明耀被评为"全国离退休干部先进个人";2010年,被评为"黑龙江华龄风采老人";2011年,荣获"黑龙江省农业科技功勋奖"。不久前,佟明耀又获得了"全国五一劳动奖章"。

荣誉面前,佟明耀还是一如既往。"我年岁大了,还能搞多少年,我自己也说不清,我还有一个重要任务就是带领年轻人,让他们参与工作,以完成冬小麦更新品种的选育工作。"

2008年年底,东北农业大学正式启动实施"冬小麦创新工程",同时组建了冬小麦育种、栽培与复种、病虫草防治、营养调控、配套机械、越冬机理和技术推广7个技术团队。87岁的佟明耀又担起了传帮带的责任。

推广栽培技术，跑遍分布在全省的 23 个试点，一点儿也没有松懈。学校领导担心他的身体，动员女儿劝劝他。女儿却说："我爸爸一下地就精神，闲下来他才要生病呢！"

2009 年，东北农业大学在全省 23 个地区推广试种冬小麦，在饶河试验区"东农冬麦 1 号"长势尤为喜人，返青率高达 90% 以上。这一年"东农冬麦 1 号"亩产 682.4 斤，而春麦对照田产量为 480 斤，冬麦比春麦产量提高了 42.2%。2011 年早春，我国北方 8 个省份超过四成冬小麦遭遇旱情，黑龙江省冬季降雪较多，5 万多亩冬小麦并未遭遇旱情威胁，3 月底顺利返青。

我们坚信，不久的将来，在祖国的北大仓，在那片肥沃的黑土地上，香溢神州的不仅有大豆、有稻米，还有佟明耀和他的团队的冬小麦。

《中国教育报》2011 年 5 月 18 日

06 黄培云：我从未后悔回来

本报记者·王珺 李伦娥

人物介绍

黄培云，中国粉末冶金学科奠基人、中南矿冶学院创始人之一、中国工程院首批院士。他不忘初心、忠于国家，凭借科学救国的一腔热血，在国困民穷的时代毅然回国；他开拓创新、学术引领，创立了著名的粉末压制理论和烧结理论，研制成功多种用于核能、航天、航空、电子等领域的粉末冶金材料，为中华崛起贡献力量；他淡泊名利、甘为人梯，秉持崇高的人生理想和伟大的奉献精神，在物质匮乏的岁月甘之如饴，为人才培养倾注心血；他皓首穷经、严谨治学，是良好学术风气的维护者，更是优良学术道德的传承人……

> 很多人说我回来傻，我也听惯了，不在乎。嘴长在别人身上，让别人去说吧。我自己认为不傻。
>
> ——黄培云

88岁的赵新那老人膝上摊开着几本厚厚的硬皮画册，那是她为老伴黄培云精心制作的生日卡片——其实说人生纪念簿也许更准确——这些用心挑选出来的照片以时间为经、以事件为纬，按顺序贴在大16开的册子内页。每一张照片都记录着一段时光，这些被凝固的画面连缀起来，便构成了主人公的个人史。

《黄培云口述自传》作者郑艳以此为访谈的切入点，追索中国工程院资深院士、中国粉末冶金学科奠基人黄培云丰富而厚重的人生历程。

赵新那老人嗓门高而且亮,指着一张照片能讲上老半天。94岁的黄培云先生坐在对面的沙发上,他的耳朵不好使了,但从他飘向远方的目光中,能明显感觉到,他陷入了对往事的回忆。

"我一生参与完成两件大事,一件是艰苦建校,一件是粉末冶金学科建设。"经历过四处迁徙的少年时代、参加过由闻一多等教授率领的西南联大步行团、通过清华庚款留学选拔考试赴美攻读博士学位……对于走过很远的路、看过很多风景的黄培云来说,应国家之需回国受聘担任武汉大学矿冶系主任,参与中南矿冶学院(中南大学前身)创建,致力于开拓我国粉末冶金学科建设并为国家培养急需人才,这是他人生的重要篇章。

"很多人说我回来傻,我也听惯了,不在乎。嘴长在别人身上,让别人去说吧。我自己认为不傻。"在国困民穷的年代选择回国,许多人不解,对于别人的议论,黄培云的回答带着他特有的执拗。赵新那记得,学校为黄培云庆祝70岁生日时,"培云说,我从来没有后悔回来过"。

朝花夕拾,亲切而温暖。郑艳从黄先生娓娓道来的人生故事中,感受着由丰厚学养、丰富阅历带来的雅达散淡。走进黄培云院士九十余载的悠长岁月,我们得以探寻一段令人难忘的风云际会,得以从一个个被还原的历史细节中,发现一个人、一个学科、一个时代之间的关联与逻辑。

风雨求学

"西山苍苍,东海茫茫,吾校庄严,巍然中央……"2008年4月27日,是清华大学97华诞纪念日,一群白发苍苍的老人重聚校园,深情地唱起清华老校歌。他们是已毕业70年的十级校友,最年轻的也有91岁了。再见同窗,黄培云的思绪回到了20世纪30年代的清华园,在那里,他学到了太多太多。

黄培云1934年考入清华大学化学系,是清华大学由留美预备学校改为大学后的第十班,所以称为"十级"。

"教学方针是通才教育,各院系都比较重视基础又各有侧重。我记得很清楚,入清华第一节上的是数学课,老师是郑桐荪。"物理吴有训、化学张子高、国文俞平伯、英文吴可读……对于这些教基础课的名教授,黄培云如数家珍,"老师们都以能够在清华教基础课为很大的荣誉"。后来黄培云才知道郑桐荪在数学界非常有名,而且是陈省身的老师兼岳父。"郑老师是个文理兼通的学者,业余时间研究清史,还写了很多诗。因此,他也要求学生基础要宽。"黄培云至今记得他的话:"窄的基础很难变成高高的尖尖的东西,不稳定就容易倒下来。把基础弄得很宽,很扎实,你的学问才能够做下去。"

第一堂数学课给了黄培云很大的影响。

黄培云学生时代的记忆印证着清华"清新、活泼、民主、向上"的校风。

恶作剧、运动、出汗,每个时代的青春都是这样充满活力和趣味吧。黄培云躲过了新生入学时必须通过的一项叫作"拖尸"(Toss)的清华传统仪式,但对"斗牛"印象颇深。"斗牛"是清华学生自创的打篮球方式,就是打球时愿意参加哪边就参加哪边,打着打着觉得这边不好,可以转而加入对方反击原来的一方,对人数没有限制。这种自由的游戏成为清华的黄昏一景,当一天的课程结束,学生们跑到体育馆尽情地挥洒汗水,场面好不热闹。

清华重视体育是出了名的,黄培云读书时体育部主任是马约翰先生,他对学生的要求很严格。那时,清华有一套"体力测验及格标准",如爬绳、100米跑步、跳远、游泳等,一项不及格便不能毕业。"我们那时候被要求'横渡'泳池,25米,不爱运动的我几乎是连扒带抓游过去的。"说起当年"糗事",黄培云自己也忍俊不禁。

亲历了"一二·九"和其后的"一二·一六"运动,黄培云深深感到,"两耳不闻窗外事,一心只读圣贤书"只是个梦想,"七七事变"的枪炮声打破了校园的宁静。1937年9月，国民政府教育部正式下令，北大、清华、南开联合组成国立长沙临时大学。10月，黄培云跟随1600多名来自三校的师生到达长沙。

在国共合作刚刚开始、全民抗战热情高涨的背景下，张治中、陈独秀、徐特立等社会名流来校进行的讲演受到学生的热烈欢迎。那一阶段的课堂既有朱自清、闻一多、陈寅恪等名教授各具特色的授课，也有不时传来的日军轰炸机警报声。

武汉失守后，长沙的局势愈发紧张。1938年2月，教育部决定将学校从长沙搬到昆明。当时国内交通极不发达，只好分三路赴昆。身体条件较好的学生由教授任领队组成"湘滇黔旅行团"，沿湘黔公路步行进入云南。黄培云跟着同在清华读书的二哥黄培熙参加了步行团，被选为小分队队长。

"早上军号一吹，我们就卷被子，匆匆吃完饭便往前走。我们穿着黄色的制服，罩着黑色的棉大衣。因为经常下雨，每天都得带一把雨伞。还得带一个饭盒装午饭，背一个军用水壶以防口渴。"黄培云和许多同学都有写日记的习惯，每天睡前把当天的见闻记下来。这样的记录使这段经历深深地烙印在他们的记忆里，但这本珍贵的日记在"文化大革命"期间被抄走了。

1938年2月19日由长沙出发，沿公路经常德、沅陵、芷江、晃县进贵州省，经玉屏、镇远、贵阳、安顺、镇宁、普安进云南省，经沾益、曲靖，4月28日到昆明，共行69日，全程1670公里。在漫长而艰苦的旅途中，黄培云和同伴们以张骞通西域、玄奘游天竺、郑和下西洋自比，克服了重重困难，身体和精神都受到了磨砺。

长沙临时大学迁昆明后正式定名为"国立西南联合大学"。"万里长征，辞却了，五朝宫阙；暂驻足，衡山湘水，又成离别。"每当哼唱起西南联大校歌中的这一句，于风雨之途求学的感怀便涌上黄培云心头。在他心里，西南联大最值得怀念的是其自由宽容的学风，让老师和学生凝聚在一起的是师生共同的爱国情怀。忆及那段难忘的步行经历,他说:"它不但锻炼了我的身心,更重要的是深入穷乡僻壤,使我了解到不少民间实际情况和大众生活的疾苦。"

当时,同学间关于应该念书还是该去打仗的争论同样引起了黄培云的思考:作为一个有血性的男儿,我们是否也应该跟同龄人一样去当兵,保家卫国?教授们开导学生说,战争总会过去,我们这个民族在战后还要建设,要复兴。只有国家强大,我们才不会挨打。所以我们不能中断读书,不能中断人才的培养。这种观点使学生信服,为救国而读书成为西南联大人的信念,在这种信念的支撑下,西南联大涌现出一大批杰出人才。

1938年夏天大学毕业后,黄培云留在清华大学金属研究所担任助教。1941年通过第五届清华庚款留美考试,赴麻省理工学院学习非铁冶金。

艰苦建校

1951年11月在北京召开的全国工学院院长会议揭开了1952年院系调整的序幕,会议决定对湖南大学、武汉大学、广西大学、南昌大学、中山大学、北京工业学院6所高校有关地质、采矿、冶金的学科进行调整合并,成立独立的中南矿冶学院。该学院定位为以培养有色金属工业需要的人才为主,并要求1952年招生。时任武汉大学矿冶系主任的黄培云参与了筹建工作。

经过一番激烈的争论后,校址最终选定在湖南长沙。"建校时最困难的是没有人,我们就在长沙即将毕业的学生中找几个能干的。"黄培云印象深刻的是武大学冶金的佘思明。他负责木工,完全是是从头开始学,边学边干。他们是从学行话开始的。哪些木头耐用,哪些木头会长虫,他们很快就掌握了这些知识。先对学校的桌椅板凳、实验台需要多少木头进行估算,然后再去买,他们总能买到最好的木头。"那木头真是好啊,我家里现在还有几把那样的黑漆木头椅子,结实极了。"黄培云感叹地说。赵新那在一旁补充道:"比什么摩登家具都好。"

佘思明他们又买了马达和锯片,自己装了锯木头的机器,很快,木工厂建起来了。说是木工厂,实际上除了那台锯以外,什么都没有。但学生们就是用它制作了一大批小板凳。

然而,建校不是把桌子板凳做好就行了。几所学校的师生加起来有好几百人,加上当时交通不便,从四面八方到长沙来这个过程就不简单。

最开始的时候连学生宿舍、职工宿舍都没有。从清华大学秘书长职位抽调来筹建学校的陈新民提出"以革命的精神,革命的方法,艰苦奋斗,团结建校"。

黄培云记得,在修整校舍的过程中,实在买不到瓦,他们就自己做瓦。建房子需要大量的砖,他们就自己建窑、自己压胚、自己烧砖。

还有水的问题,学校所在的左家垅一带缺水严重,居民人口多,自然条件差,逼得学校只能自己解决用水问题。学校师生自己设计、自己装管子……靠自己的力量办了一个小型自来水厂。

交通运输也是一个问题。建校时,左家垅一带只有一条勉强可以通过单车的羊肠小道,其中还有一两处连单车都很难通过。学校师生就用锄头一点一点把路铲平、开通,使大批建校物资运往新校区成为可能。

要在 1952 年 11 月如期开学,教材问题迫在眉睫。6 所学校所用教材的内容、范围差别很大,急需在开学前把各个学科的内涵、范围等规定好。

黄培云回忆道:"我们把 6 个学校的教材摆在一块儿,强中选优,最后确定以武大、湖大、北京工业学院的教材为主。当时没有复印机和扫描仪,就用蜡纸和油印机。"但这套综合几所大学教材临时编写的教材没用多久,就依据教育部的规定,统一用苏联教材了。

在极其困难的情况下,师生团结一致,以必胜的信念迎来了中南矿冶学院的如期开学。1952 年 11 月,在隆重的开学典礼上,陈新民被任命为中南矿冶学院首任院长,黄培云和顾凌申任副院长。

严肃对待教学工作、严密组织教学过程、严格要求学生，黄培云倡导的"三严"作风在建校以后起到了很大作用。"我们一方面不断改善教学的物质条件，一方面大力培养师资。学院成立时基建只有两万多平方米，实验室、教室、宿舍等都非常缺乏。"大概用了3年时间，教学楼、实验楼相继建立，实验室设备不断补充，教学质量也有了提高。

从1954年开始，学院在苏联专家的指导下，改组了院务会议，调整教研组，修订教学计划及教学大纲，对教学法展开研究。

包括黄培云在内的学院领导特别强调科学研究的重要性，认为科研是促进教师成长的重要因素，是提高教师学术水平、保证教学质量的重要途径。由于积极利用行政管理优势促进教师开展科学研究，中南矿冶学院的教师和学生参加国家科技攻关时捷报频传，取得了一系列研究成果。

1956年中南矿冶学院培养出第一批毕业生，较强的专业能力和综合素质使这些毕业生受到用人单位的欢迎。

孜孜治学

谈及粉末冶金学科，黄培云感到无比亲切："这个学科，我参与了奠基、培养人，更直接见证了它的发展。"

粉末冶金是一门制取金属、非金属和化合物粉末及其材料的高新科学技术，它能满足航空、航天、核能、兵器、电子、电气等高新技术领域各种特殊环境中使用的特殊材料的要求。一些发达国家早在20世纪初就开始了该领域的研究，而在1950年代的中国这一领域还是一个空白。

冶金部把培养生产硬质合金所需人才的任务下达给了刚刚成立两年的中南矿冶学院，要求设立粉末冶金专业。

接到任务时，谁都不知道粉末冶金是什么。中南矿冶学院当时的党委书记、院长唐楠屏问谁知道粉末冶金是怎么一回事，黄培云说他在麻省理工学院学过一门30学时的粉末冶金选修课，有点概念，但当时并不太重视这门课程。

唐院长说:"好极了,你就负责粉末冶金人才培养这个任务。"从那以后,黄培云在学术和专业方面由一般有色金属冶金研究,转向集中研究粉末冶金与粉末材料,"我开始一心一意进行粉末冶金教学与科研工作,我的后半生都用于这一事业了"。

"回想起来,我们那时候什么都没有,真是从零开始。学生、讲课教师、教材、实验室都还没有。我们首先在冶金系里成立了粉末冶金教研室,我兼任教研室主任,成员有冶金系主任何福煦、助教曹明德。"黄培云说。

20 世纪 60 年代初黄培云培养了第一批粉末冶金专业的研究生。"文化大革命"中,研究生培养工作中断。1978 年,黄培云又开始招收研究生。20 世纪 80 年代,他培养了这个专业的第一批博士生。在培养专业人才的过程中,他先后给学生上过硬质合金、粉末冶金原理等课程。

几十年来,这个专业为我国粉末冶金行业培养了大批人才,其中有一些成了我国粉末冶金领域的骨干力量,发挥着学术带头人的作用。

培养人才之外,黄培云领导的粉末冶金专业还接受完成了国防部门下达的任务。即使在"文化大革命"中,新材料研究室的研究工作也没停过。

从新材料研究室到后来的粉末冶金研究所,多年来,研究所同仁共完成国家重点科研项目数百项,为我国原子弹、导弹、卫星、雷达等的发展作出了重大贡献。

"文化大革命"之后,黄培云和学生们合作扩大了研究领域。与吕海波合作开展了粉末压制和粉末动压成形的应变行为研究,与曾德麟合作开展了水静压制研究,还与杨守植等人合作开展了粉末振动热压研究。

黄培云创立的粉末压制理论和烧结理论,进入了当代国际材料科学和高技术发展的前沿领域,获得了国际粉末冶金界的关注和高度评价。

黄培云评价自己"不是一个活跃的人,比较内向",这种个性使他在学生眼里常常是不苟言笑的形象。但谈完了正题，他又变得谈笑风生，和蔼可亲。曾德麟是黄培云20世纪60年代的研究生。他记得那时的每周三下午，研究生们都会例行来到黄培云的办公室。指导、答疑之后，话题也就说开了，国内国际科技信息、动态、前景、意义，时而分析，时而归纳，学生们可以插话、可以质疑、可以反驳。"遇到不易说清的问题，黄先生就侧身在房门后挂着的小黑板上写写画画，总想让人信服。偶尔，有人还是不服，他就满脸微笑，和缓地说，大家回去再仔细思考研究，下次再谈。"

黄培云牢记着自己当学生时老师的教诲，他当教授后总是鼓励学生多关心所学专业之外的东西，要把基础打得又牢又宽。面对越来越多的博士只关心本专业的现象，他总忍不住呼吁，千万别把博士给培养成"窄士"。

黄培云无疑是幸运的，在战时的中国，他在拥有中国最著名师资的学府读书，在精神与学术上受到多重熏陶。知识渊博、兴趣广泛的名教授讲普通基本课程的风气使黄培云受益并深深影响了他后来的教学科研之路。

黄培云的学生、2011年被评为全国教书育人楷模的中南大学教授金展鹏在20世纪70年代曾与黄培云共事。黄培云十分支持金展鹏开展的相图计算工作，但金出国两年之后回来，因遇到一些困难，当时情绪不高。"黄院长每次见到我都提相图计算的事，要我抓紧。有一次，他对我说，你要抓紧时间。他引用了一首唐诗：诗家清景在新春，绿柳才黄半未匀。若待上林花似锦，出门俱是看花人。他的意思是说学科发展也是这样，真正的春天并不是大家都看到的春天，当柳树还是嫩芽的时候，真正勇于探索、有眼光的人会发现春天已经来临了，而等到繁花似锦的时候，到处都是看花人，要赶都赶不上了，对科研而言，就是把创新的时机放过去了。"

当时的科研条件差，黄培云就拿郑板桥那首《竹石》诗勉励年轻人，进行科学研究要有艰苦奋斗的精神，要学黄山的松树，要学石头缝中生长的竹子……

"黄院长指导研究生相当具体，有些程序都是他自己写的。要求学生看的参考文献,他自己也看过。"金展鹏说。

事实上,即使在年事已高的今天,黄培云身上仍保持着这种求真务实、向善向美的品性。郑艳每次去黄老家里访谈,"都见到他坚持学习,见到他拒绝空泛议论,见到他谈起古典音乐时轻弹节奏的手指……正是这些,形成了一种精神的穿透力,穿透各种困扰,保护他成为一个完整的人,从事真正的科学、真正的学术"。

缱绻亲情

"我们这批留美的研究生出国以前,清华当时理学院的院长吴有训先生跟我们反复讲,这批考生是各个学校里成绩最优秀的学生,所选的学科是经过反复研究的,都是国家很需要的专业,希望你们能够赶快回来发挥作用。因此我从没有想过不回来,我们那一批学生后来都回来了。1973年新那的父母回国探亲,在北京,吴有训先生对老朋友赵元任夫妇说:'你们的二女儿、二女婿回国来,是对的。'"

黄培云从不怀疑自己作出的归国决定的正确性,在他的意识里,这几乎无需讨论。回国前夕,他的导师海沃德(Hayward)教授问他:"你考虑过留在美国继续工作吗?"他回答:"回不去没办法,回得去我下决心回去。"

1946年12月2日,黄培云、赵新那夫妇登上了从洛杉矶开往上海的轮船。

当时,深受蔡元培先生影响的武大校长周鲠生认定,办好一所大学首先要有优秀的师资,所以他求贤若渴,广揽人才,不管是英美派,还是德日派,对于有真才实学的人,他都聘用。他在美国讲学期间就十分注意在留学生中选拔人才,黄培云就是在美国接到武大聘书的。

黄培云夫妇1947年3月到了武大,虽然当时学校很困难,经费极少,但珞珈山的风景使他们感受到了家园的美好。

黄培云说:"学校为了减少一点职工的困难,有一部分工资用实物替代。什么实物呢？现在听起来都令人惊异：盐、几块钱的镍币……为了不贬值，大家拿了工资就拼命买东西。有一次，因为新那怀了身孕，身子不方便，我进城去买东西，好东西别人都买走了，我只好买了个木柜子回来。新那说，行，咱们这个月就吃木头吧。"

"工资的数目越来越大，先是几百块，后来又是几千块，几万块，上百万块钱，最多的时候是几亿几亿的工资。后来连金圆券也贬值了。买东西经常得骑着自行车，后面是一大捆钞票，加在一起是几个亿去买点东西。"讲起那时候日子的拮据，黄培云像在说别人的故事那般轻松。他陶醉在自己的工作中，逐步建起了矿冶系的实验室。这在当时是很少见的，常有别的学校的人来参观，慢慢地，武汉大学矿冶系在国内有了点名气。

"培云今年87岁了，用英文说叫'pushing 90！'咱们在一起也将近60年了。"2004年，赵新那在给黄培云的生日赠言中写下了这段话。

谈起他们的相识、相知、相爱，快言快语的赵新那说："我还记得他对我说的第一句话是'你别把碗砸啦'。"

赵新那是中国语言学家赵元任的二女儿。赵元任侨居美国后，他的家几乎成了留美学生的"接待站"。周培源等许多早期赴美留学的学者，都曾是赵府的座上客。

在赵家开清华同学会，通常很热闹。几十个人在那儿吃饭，饭后这个表演唱歌那个表演跳舞，常常是吃完饭后盘子和碗一大堆等人清理，黄培云就自告奋勇到厨房去洗碗。"新那到厨房来帮忙，我说用不着了，已经差不多了。我们就这样认识的。"

那时候时兴男同学请女同学到餐厅吃饭、跳舞，"但我们的情绪不一样，我们国家正在受侵略，对于他们时兴的这些我们不感兴趣。培云不会跳舞，我也不会"。同样的心情，同样的志趣，使赵新那与黄培云走到了一起。而赵元任也早就把黄培云看成家里人了。"培云博士论文交上去的稿子就是我父亲打的"。

1945年7月21日，赵元任在日记中写道："发出新那的结婚通知约

300份。跟新那、培云、陈福田夫人同去市政厅，City Clark Buck 主持婚礼……"

黄培云说："这是赵家第一次嫁女儿，岳父亲手办理婚事，用中文书写结婚通知书，送到雕版印刷公司制版印刷。通知书上注明'为省物资以促胜利千祈勿赠礼物为幸'。"

想当年，赵元任与杨步伟女士结婚时婉拒一切礼物，只在家中请好友和证婚人吃了顿饭，被报纸以"新人物之新式婚姻"为题进行了报道。他们简单而浪漫的婚礼在知识界一时传为美谈，引得不少好友效仿。"后来新那和我结婚，我们的两个儿子结婚，也都没有请客。"黄培云说。

黄培云和赵新那在结婚50周年的时候去美国探亲，还专门去了他们当年登记结婚的地方。黄培云感慨地说："这么多年，我们的感情概括起来就是，志同道合、相依为命、相扶到老。"而赵新那回忆起黄培云70岁生日的情景，只记住了他说的"我从来没有后悔回来过"这句话，"我当时一听，就觉得我们真是志同道合"。

《中国教育报》2011年9月23日

07 姚期智：人生为一大事来

本报记者·赵秀红

人物介绍

诺贝尔奖是无数科学家心中的最高奖项，是很多科研工作者一生追求的目标。但诺贝尔奖有一个局限，就是没有关于计算机领域的奖项。图灵奖是目前此领域最具分量的一个奖项，我国目前只有姚期智教授获此殊荣，他堪称世界级的科学家。

如果要让所有人都受到最好的教育，一定是没有人受到最好的教育。中国要想培育出一批拔尖人才，一定要有精英教育。

——姚期智

2012年2月底的一个上午，清华大学六教二层的一堂课上，姚期智抛出概率论经典的"猜帽子"问题，30个大一学生继而展开讨论，轻微的嗡嗡声产生共鸣。姚期智手拿一支粉笔，站在教室的一侧，安静地等待一个个奇思妙想的诞生。

这是一堂普通的课。

可你不得不承认，传奇和变化从来都不是瞬间发生的，而是无数个普通时刻的叠加。

最重要的是，变化在发生。正如8年前，一个人，一张机票，没有一个班底，姚期智从美国普林斯顿大学全职回到清华大学，为了不给自己留一丝牵挂，他辞掉了普林斯顿的所有职位，甚而卖掉了美国的房子。那时候他自己也无法充分估量，这个57岁作出的人生决定，对自己，对清华，对中国，到底孕育着多大的变化。

归去来兮
虽在美国熏陶36年，但还是被一种浓厚的中国情结拉了回来

57岁，按照孔子的说法，介于知天命与耳顺之间。对很多人来说，这个年龄的决定都应该是平缓的。

姚期智说，当时作出决定要回到中国，在同事、亲戚、朋友中存在两种意见，一种认为他作了个有魄力、聪明的决定，一种是质疑，你回去能不能做好呢？在他们看来，不确定的因素太多。

姚期智的归来，在相当长一段时间里，是美国人尤其是旅美华人眼中的一件"大事"。《纽约时报》和众多华人媒体都作了报道，不仅普林斯顿的同事们十分关注，甚至在纽约街头的小饭馆里，普通工薪人士也在热烈地谈论此事。

香港中文大学助理教授张胜誉，2002年时是清华大学计算机系的研究生。就在那年的5月，在上海、南京和北京，姚期智第一次与国内计算机领域的学者进行了广泛接触和交流。正是在这次访问中，清华学生的聪敏好学给姚期智留下了深刻的印象。

机缘巧合，张胜誉后来赴美留学，成为姚期智在普林斯顿大学的"关门弟子"。

临行前，姚期智将决定简短地告知张胜誉："我要回去了，permanently（永远地）。"张胜誉有些讶异，但随即感到释然："单纯从作研究的角度讲，的确没有一个地方比普林斯顿更舒服。他回国，应该是要做一件大事。"

其实，2003年姚期智担任清华大学讲席教授时，并没有打算全职回国。促使他回来的是两个原因：一是对于建设世界一流大学，清华大学乃至中国政府下了很大决心，这种热忱让姚期智感到很兴奋，他先后在美国

麻省理工学院、斯坦福大学、加利福尼亚大学伯克利分校、普林斯顿大学执教30年，经验富足，可以为祖国和同胞尽点儿微薄之力。

另一个原因来自他的亲身体验，他在美国那么多年，见过不少国内来的学生，他们很聪明，但让姚期智感到非常可惜的是，他们在大学里没有学到最新鲜的知识，在课程深入程度上也存在欠缺。这些学生到美国后，要花费一年多的时间来补足这些知识。

人生头20年在中国，20岁以后生活在美国，57岁又回到中国，这种人生轨迹特别耐人寻味。虽在美国熏陶36年，但还是被一种浓厚的中国情结拉了回来。8年之后，姚期智回忆起2004年的决定，还是非常笃定："把最好的老师和最好的学生放在一起，自然会产生火花。如果我自己都不确定这件事情能成功的话，怎么让别人和我一起为之努力？我不敢说是有魄力的决定，但是当时是我能做的最有意义的事情。"

姚期智的夫人储枫教授非常支持他的这一决定。早在2003年，储枫从美国到香港城市大学担任计算机系主任时，也正是受到了先生的鼓励。储枫表示，姚期智是个很有决断力的人，不喜欢拖泥带水。培养出优秀的年轻人，中国才能和别的国家竞争，这是夫妻俩共同认定的一件大事。

"梦之队"
找来这个领域最顶尖的老师，把最新的知识教给最有潜力的学生

回到中国的几年来，尤其是开始的两年，姚期智常常甚至每天都会想到的问题，就是一所大学如何能培养出有创造力、有想象力、能够作出新贡献的学生？

他最初的想法是构建一个好机制来培养博士生，建立研究团队。但他随即发现新招的研究生要用很长的时间去补习本科阶段应学习的知识，这跟他在美国时的发现一样。

于是，他萌生了精英教育要从本科开始的想法，决定做一件"很费气

力"的事,希望"有个特别的班,专门培养计算机科学领域一流的本科生",自己一点点教起。张胜誉由衷钦佩老师的决心:"看到完善本科教育的重要性后,他不惜扎到最深处,从根部解决这个问题。"

2006年春季,姚期智构想的以自己名字命名的"软件科学实验班"("姚班")开班,首期59名学生选自全校大一、大二的学生。从构想到付诸实践,不过几个月的时间,这个速度让姚期智自己也惊讶。"要是在美国,没个三年五年,是建不起这样的实验班的。"姚期智说,在国外,想要在已有的秩序中作些改变,比在中国困难得多,这可以说是中国行政效率的优势,往往能够集中力量做成一些别人做不到的事情。

"我们的目标不是培养普通的计算机软件程序员,而是具有国际水平的一流计算机人才。"姚期智在"姚班"开班时这样表达自己的目标,这个国际水平的起点,定在了与美国麻省理工学院、斯坦福大学同一起跑线上。

凭借在美国一流大学执教多年的经验,姚期智亲自为"姚班"制订培养方案和教学计划,专门为"姚班"精心设计了核心课程,并亲自执教其中的6门课。经过几年的发展,核心课程增加为18门,这些课程覆盖了计算机科学的前沿领域。

"姚班"拥有非常豪华的国际化师资团队,特别聘请计算机科学领域的国际知名专家、学者为讲席教授、兼职教师和访问教授,对学生的发展作个性化的培养和指导。翻看"姚班"的讲席教授名单,令人惊叹,几乎囊括全球顶尖计算机科学家。

"在核心课程上,我花了很大心力。总的来说,我们想让在这个领域最有创意的老师把最新的知识教给学生,使得学生在大学阶段就看到一个模范,知道一个学问好的老师教学的态度、做学问的方式,让学生在潜移默化中变成老师那样的人。在这样的环境下,我们的学生没有道理不变成世界上最优秀的本科生。"姚期智说。

为了"姚班",姚期智甚至发动了"最身边的力量"。今年春季学期,他的夫人、香港城市大学计算机系原系主任储枫开始为"姚班"二年级学生开设"博弈论"课程。提到这点,姚期智很谦逊地说,博弈论现在在计算机科学里是很有前瞻意义的学问,"而储枫非常适合"。其实储枫也是位知名的华裔科学家。

2010年,清华大学计算机学科的国际评估中,评估专家认为"'姚班'拥有最优秀的本科生和最优秀的本科教育"。历经8届办学,"姚班"已培养毕业生4届107人,100人继续深造,引导超过150名学生在本科期间参与项目课题、科研实践,已成为人才培养的国际品牌。

而在姚期智看来,他可以自信地说,"姚班"出来的学生不会再有知识层面和创新能力不足的弱项,这两点正是几年前他把脉得出的结论。更让姚期智高兴的是,这些学生完全不比世界其他国家的一流大学培养出来的学生差,出国留学的学生在国外已经获得相当大的名声。

楼天成,"姚班"2004级学生,在国际大学生程序设计竞赛中斩获十几次金牌,在国际信息学奥林匹克竞赛等大赛中无人不晓其大名,人称"楼教主";

俞华程,"姚班"2008级学生,本科时就有论文在国际大会上发表,大四的他已经得到哈佛大学、麻省理工学院等7所美国名校的博士生录取通知书,他告诉记者,再过一阵子要去美国考察,以选择就读的学校。

以上学生并不是"姚班"的特例,很多这样的年轻人从"姚班"走向了世界,一个个未可限量的前程就在他们脚下。他们能创造多大的奇迹,谁也想象不出,但这件事,光想想就很奇妙,如果实现了呢?

这大概是姚期智最有成就感的地方。

托举"明日之星"
"姚先生花了很多时间教导年轻人",他把学校变成一个有兴趣的地方

对于很多事情,姚期智有自己独特的衡量方法。

我们离一流大学的课堂到底有多远?怎样算是最好的课堂?姚期智说:

"有个简单的区别方式，就是学生听了这堂课，等不及下个礼拜就想来上这堂课，这就是好课。"他笑着说，我自己不晓得能否达到这个标准，如果我们开设 20 门课，有 10 门达到这个水准，那我们培养的学生就会不得了。

"你的 iPod 里有一万首歌，假定唱完一首歌一分钟，那你要重复听到之前的歌需要多久？""男女生如何选择约会对象，成功概率最高？""假设选一个'清华先生'，只有一次机会，怎么选择才能让你选中的男生成为'清华先生'的概率最大？"……

这些问题都来自姚期智的"计算机应用数学"课堂，虽然讲授的内容以数学推导和演算为主，但是姚期智总能在讲解过程中"拎"出一些贴近学生生活实际的例子，从实例中引入最根本的理论问题，然后像一位棋坛高手走出出人意料的"怪招"，让本是艰深的学问变得有趣、好懂。"姚班"2010 级学生吴翼说，姚先生的课轻松幽默，即使他一开始意识到同学提出的方案是错的，也不会打断，而是鼓励我们继续演示，直到发现自己的错误，"他好像从来不会批评我们，就是鼓励、再鼓励"。

这样的课堂都是姚期智精心准备的。"姚班"教务老师张燕说，姚先生经常一大早出现在办公室，为科研和教学忙碌一整天。"我希望让学生们上课像在看电影、踢足球、下象棋一样，因为我发现如果年轻人对一件事很有兴趣，那提高技术的可能性非常大。我常常在想，怎么把课堂和他们玩的游戏一样变得没什么区别，把学校变成一个有兴趣的地方。大学教育最重要的目的是让学生发现他们的兴趣和能力所在。"姚期智说。

著名数学家丘成桐在谈论引进海外人才时，特意提到姚期智跟其他回国的海外人才的区别在于，"姚先生花了很多时间教导年轻人"，"我本人对他很佩服"，"能够很专心地教课，带了很多学生，这可以说是中国学术成功最重要的希望"。

在同事眼里，姚期智是带着深厚的感情培养中国学生的，他甚至说"只要好好教，中国学生会没有缺点"，他不认同"中国学生缺乏创造力"

的传统说法，因为没有一个人生下来就多有创造力，需要多一点榜样的鼓励。

他欣赏不落窠臼的年轻人。黄甲辰，"姚班"2011级学生，是班里少数几个通过自主招生招进来的学生。在原本紧张正式的面试中，姚期智问黄甲辰，你对清华园什么印象？黄甲辰说："我第一次逛清华园的时候迷路了，现在回想起那种感觉很棒，身处未知反而激发了我的探索欲望。"这个回答让姚期智很欣赏。

为了鼓励学生，姚期智喜欢在课堂上"悬赏"。有一次，他在课堂上出了一道题，25分钟内解出者请吃必胜客比萨。令他惊喜的是，90%的学生在规定时间内作出了正确的解答。对任何一家必胜客而言，近百人的就餐队伍都显得过于庞大，但姚期智信守承诺，按人数叫来外卖，奖励了每位答对的学生。那天姚期智特别高兴，甚至半开玩笑地问学生："你们以前有没有遇到过像我这么好的老师？"

张燕说，姚先生为人谦和，有什么事情总是不好意思麻烦我们，但对学生几乎事无巨细，有求必应。学生在申请出国留学时，因为有时间期限，为了给学生挨个赶写推荐信，他会熬通宵；他定期开午餐会，和学生一起啃汉堡包，跟学生聊学习感触、专业分化、怎么申请适合自己的学校等。

姚期智对年轻人用心力，不仅在细节处，更为学生长远谋划。比如，在学生培养方面特别注重国际交流。姚期智用下棋的例子说明自己的想法：如果我是一位父亲，孩子的围棋下得不错，怎么让我的孩子变为世界上最好的围棋选手？如果我有能力的话，就请两个高水平的围棋高手，每天陪他下棋，耳濡目染，自然会变成跟高手一样的水平。

当然，学生也给予了姚期智莫大的精神回报。坐在清华办公室接受采访的姚期智，儒雅谦逊，因浸润中国传统文化，举手投足间颇有谦谦君子之风范。唯一让记者觉得他流露出兴奋情绪的是讲起学生的事。去年，在大一学生的最后一节课上，姚期智想轻松下，抛给学生一个在学术界讨论了

30年的经典问题,这个问题看起来容易理解,但是涉及学术领域很复杂的知识,反正"根本不是大一学生能解决的问题"。在经过其他学生不成功的解决方案之后,突然有个学生站起来,提出一个非常简单的方案,姚期智一开始认为这是不对的,但是在他还没来得及想清楚这个方案之前,底下的学生已经在拍手欢呼了。"我的学生比我更具有开拓精神,他们比我还优秀!"讲到这里,姚期智特别开心。

姚期智坦言,虽然"科学无国界",但在清华教育年轻一代,心里会有一种很大的满足感,这是在美国教书时所没有的。

修造"超级公路"
作为一个领跑者,他希望自己的团队能和世界上任何一个国家竞争

回到清华的姚期智,科研仍然是生活的重心。他常常出国去访问学校和创业公司,虽然很高兴能见到很多老朋友、了解到很多前沿信息,但在回来的飞机上,还是很难过,因为姚期智深切地感觉到,在前沿科学的研究上,中国和西方的差距越来越大。"这就是为什么虽然我们做了这么多的事情,但是我晚上仍然睡不着觉。"姚期智有着沉重的危机感。

当初回国的主要原因是对中国想要建设一流大学的目标感到兴奋,姚期智甚至在跟学生谈心时,都会谈到这个严肃的话题,就是中国能否在近期内创造出世界一流的研究型大学?

"创建世界一流大学不是一个国家的虚荣的问题,而是与中国将来的发展有非常大的关系。"姚期智说。

两种强烈的感觉同时在撞击着姚期智:一方面对这个目标很有信心,另一方面心里很沉重,觉得中国能够达到这个目标的契机是今后的5~10年,存在一个窗口期,错过这个机遇,以后的路会更加漫长。

几个月前,姚期智访问加州大学的一次经历更加印证了他的感觉。加州大学的同行们告诉他,他们正在作一项研究:通过一个人脑袋里的电波

和信号去了解这个人到底在想什么。这个科研项目要用到仪器，所以涉及微电子科学；要对大量的信号进行处理，涉及计算机科学；怎么从这些信号中找到好的统计办法，涉及统计学；人可能想到什么，需要心理学给予帮助；还会涉及生物学、医学等多学科领域。这么大的项目需要汇集很多方面的人才，是前所未有的科学挑战，其灵感可能只是缘于教授们在喝咖啡、聊天时的一次碰撞。

"当今最新的、最令人兴奋的科研工作都是在交叉学科中，这一认识早在几年前就已经被学者预言到，如果大学里好几个学科都有顶尖人才，相互碰撞、交流，就容易产生很多主意。"姚期智说，我甚至觉得10年都太长，最好在5年内达到学科交叉的初步境界。我们要尽快在每个领域达到一流，才能开始建立学科交叉运行的系统，而国外一流大学的学科交叉已经形成，"等我们赶到了，有可能他们又迈出了新的一步，所以，要尽快"。

从一开始回国，这种紧迫感就在追随着姚期智。"光有危机感是不够的，一个只有危机感的人是非常痛苦的人，我们需要行动。"在姚期智看来，一流大学除了使得学生能够得到最好的教育，成为最富有创造力、最优秀的学生，还要有一流的研究环境，使研究成果具有世界影响力，吸引到顶尖的科研人员。

2005年，姚期智在清华创建理论计算机科学研究中心，目标是为中国计算机科学研究和创新教育打造一条"超级公路"，成为计算机科学领域的世界领军团队之一。

2009年，温家宝总理在会见姚期智时，问他这几年怎么样，姚期智说，我觉得做了很多事情，但是有很大的危机感。姚期智跟总理说，我在准备一个计划，使得中国能够创造出一个计算机科学体系来。温家宝说，你提出计划，我们教育部、科技部、清华大学都支持你！之后，姚期智提出"中国计算机科学2020计划"的发展战略，该计划集合中外学者的力量，有步骤地使中国在2020年成为计算机科学的一流基地。

2010年，他成立清华交叉信息研究院，致力于促进信息科学与物理学、数学、生命科学、社会科学的交叉，在新兴学科领域进行卓有成效的研究。

2011年，他在清华成立量子信息中心，目标直指"建造出世界第一台量子计算机"。

"要大胆、创新，想法才不会很'原始'。"姚期智在哈佛大学的导师、诺贝尔物理学奖得主格拉肖曾经这样教导他，这种精神在驱使姚期智不断向新的学术领域发起冲击，敢于走别人没走过的路。

作为旗帜人物，姚期智吸引了世界上很多有志之士加盟自己的团队。对这一点，姚期智却说"我不敢居功"，语气非常诚恳，让人不容怀疑他是真的这样想。在他看来，主要原因是中国处在迅速发展的阶段，华裔学者甚至外籍学者都意识到这一点，这对他们很有吸引力。

作为一名科学家，姚期智极其投入，"年轻的时候，我会认为自己当时做的东西是世界上最重要的，别的事情都不值得做"，因而成为唯一获得图灵奖的华裔科学家。如今，作为一个学术团队的领跑者，姚期智希望清华大学交叉信息研究院成为有足够规模的一流研究机构，和别的学科交叉合作，能和世界上任何一个国家的学术机构竞争。

"对我来说，这是目前最重要的事，也是唯一想做的事。"姚期智说。

《中国教育报》2012年3月2日

08 郑敏：回望我的西南联大

口述·郑敏　采访整理·祁雪晶

— 人物介绍 —

作为"九叶诗派"的最后一叶，郑敏通过百年人生淬炼和持续深邃地写作，成长为中国诗坛的"常青树"。无论是作为一位思想活跃、特立独行的女诗人，一名中西比较诗学的研究学者与英美现代诗的翻译家，还是作为历经百年沧桑的中国当代知识分子，郑敏的写作历程、个人生活经验与创作硕果，都已成为这个风雨变幻、动荡不安的20世纪的鲜活见证。

> 对于西南联大精神最好的纪念，不是反复去追问，而是立刻行动起来。
>
> ——郑敏

如果说我的人生是一轴画卷，那它一定是幅山水画，充满了诗情哲意。我想，在这幅画卷上西南联大是最浓墨重彩的一笔，而这一笔几乎奠定了我一生的诗哲使命。

1937年全面抗战爆发时，我念高一，我们全家先从南京出发去了庐山避难，过了暑假，又坐船到了重庆，在重庆我就读于南渝中学。1939年，我19岁，顺利考上了西南联大。我和父亲一位朋友的女儿作伴，她也考上了联大，坐着被当地人称为"黄鱼"的货车，从重庆出发，经过贵州到昆明。记得夜里在贵州一座顶高的山上，司机突然就停下车来，站在车外，欣赏起风景来。其实那时挺危险的，但并没有恐惧感，好像那时的人都比较淳朴,并无险恶。这样一路上颠簸,偶尔停靠在耗子横窜的阴森小客店,后来终于到了昆明。

小时候我就知道北京有清华大学、燕京大学,南京有南京大学,都是很有名望的学府,可是在昆明的联合大学,却给了我别样的印象。西南联大当时的校舍非常简陋。我们文科的教室,就是几排铁皮房子;弄了一个拱门,就权当校门口了。没有正规的宿舍,很多老师和学生就在学校外面租民房。清贫且不说,还要时常躲避飞机的轰炸,尽管如此,学校里却聚集了国内顶级的教授和大师,他们思想敏锐,学术空气活跃,创造了中国教育史上的罕见奇迹。

"自由松散"的联大

在西南联大报到时,因为想到自学哲学很困难,我就临时决定不入外语系,改修哲学系。

初到联大,我发现那是一个很"松散"的地方,给你很大的学习、思考和自由交流的空间,比我们现在的大学自由多了。

首先,联大的管理很自由,这为学习自由提供了很大的保证。在联大,学生转系相当普遍和容易,我从外语系转到哲学系就只填了一张表格,其他的什么都没有要求。好多人入学后发现自己不喜欢原来所报考的专业,可以随意转入自己喜欢的专业,但大家丝毫也不敢松懈,因为转系虽然自由,但要是考试不及格,可能会被开除。

我想,这是因为联大继承了北大学术自由的传统,也延续了清华严格的校风吧。

我觉得联大的自由不等于放任,自由也并不代表没有要求,现在想想,实际上是"外松内紧"。联大对有关入学、注册、选课、转系、请假、退学、考试、毕业、学位、留级等都有严格规定。学校考试要求极严,教师评分标准较高。每次考试下来,都有很多不及格的学生。如必修课考试不及格须重修，不能补考。大一的学年考试很严，有3门课不及格者，一律开除学籍。

联大实行的是学分制，学生有较大选择权，除共同必修课外，大约一半课程可根据自己的特长与兴趣跨专业或跨系选修。文学院要求4年一共修132个学分才能毕业，我上哲学系的时候，对专业的学分也有很多详细的要求。

联大没有统一教材，甚至当时许多课没有课本。教授们都重创新，以讲自己的教材为荣，讲现成的教科书为不光彩，这也是其他大学稀见的。老师们主张培养人的个性，不用相同的模子来教育人。哲学课上，老师讲他在哲学上思考的每一步，学生也听得其乐融融，仿佛有很多种子掉到了土地里，这些种子在日后生根发芽。

联大规定，文科学生必选一门自然科学，理科学生必选一门人文科学，目的在于培养通识人才。当时所有的文科生都要读雷海宗编的《中国通史》、蔡维藩编的《西洋通史》；哲学系学生必定要读冯友兰先生的《中国哲学史》和冯文潜先生的《西洋哲学史》。高年级学生必修冯友兰先生的《人生哲学》、郑昕先生的《康德学述》、汤用彤先生的《魏晋玄学论稿》。可以说，这些课将哲学与我的人生结合在一起。虽然我一生从事的不是哲学，而是诗歌和诗论，但这个根是深深扎在哲学上的。

入学第一年，英文、国文都是重点必修课，必须学好，这两门不及格不能升级。一年级语文课教师，记得有余冠英、李广田、沈从文等十来位。英语教师有王佐良、李赋宁等十来位。这些教大一英文、国文的教员，后来都成了知名的诗人、专家、学者。当然你要是修习哲学这类涉及国外学识的专业，还必须兼修德文，因为你必须读一些德文的原著。

平时学生考试，不必按照教师的讲义来答卷，意见与教师不同，只要有根据，也可以拿高分。记得经济系陈岱孙教授开"财政学"，这是一门既有理论又要联系实际的课程。经济系的同学说，有一年考试题目是"假若我当财政部长"。我想西南联大之所以人才辈出，既有个人的努力，也与学校鼓励创新的学风有关。

因为是北大、清华、南开三所大学合并而成的学校，所以在管理上也比较自由。当时的三校各推了一人为学校校务常委：清华的梅贻琦、北大的蒋梦麟、南开的张伯苓。三校常委集体负责领导学校，常委的长期主持人是梅贻琦校长。

因为三所学校都有各自的办学特色，治理学校的风格也迥然各异。如今因着特殊的情势合并在一起，大家为了保持平衡，形成了西南联大独特的精神，那就是"包罗万象、百家争鸣"。

记得我刚入校时，当时的教育部曾对全国所有大学的课程设置、课程内容、考核方式、教授聘任等作出了硬性统一规定。当时，联大的教授会明确表示拒绝服从。当时的意见书上有这么一句话让我们学生记忆深刻——"夫大学为最高学府，包罗万象，要当同归而殊途，一致而百虑，岂可刻板文章，勒令从同"。我想当时西南联大敢于坚持办学原则立场，既与三校的自治传统有关，也与联大教授们的独立人格有关。

当然，这也与当时的时代有关。原来的北大、清华、南开三校，是"五四"运动时期的先锋力量，可以说是"德先生与赛先生"的根据地。三所学校合并，大家也循着"科学与民主"的方向办学。教学内容包罗万象，通识教育和精英化培养并行，教学方式百家争鸣，不强求纳入一个模式。

"特立独行"的教授

那时正处于抗战时期，是中国最复杂、最严峻的关头。学习环境亦十分艰苦，教舍很破，一面墙，围着一块荒地，后面都是坟；铁板盖着的房子，有门有窗，但窗子上没玻璃，谁迟到了就得站在窗子边上旁听吹风。逃警报是经常的。警报一响，老师和学生一起跑出铁皮教室，跑到郊外的坟地底下，趴下来，只见得飞机在我们的头顶上飞过。

图书馆是一个很大的筒仓，藏书很少，也没有上架一说。记得《西洋哲学史》大家都要抢着看。走进食堂，大家站着吃饭，挑着米饭里的沙子、小石头和稗子。所谓蔬菜都是很清的汤水漂着几根菜，肉是不常见的。

在西南联大读书期间，我们非常幸运，因为在我的老师里有很多大师。冯友兰，教我们"中国哲学史"，他独创的"人生哲学"对我影响非常大；郑昕，专门研究康德；汤用彤，教"魏晋玄学"；冯文潜，是南开大学的教授，教"西洋哲学史""美学"。后来还从维也纳回来一位老师，教得非常现代，我都听不太懂。几乎那个时代所有的哲学大师都给我上过课，受益极深。

老师里挺多"怪人"的。闻一多先生很奇特，一边叼着烟斗，一边讲课，黑板上一个字也不写，他讲课观点很犀利。有一位罗庸先生，和他的观点非常不一样。学生们经常两个班串着听，有时候大家在课余时间讨论两个人的观点，争执得不可开交。大家在激烈的思想碰撞中，似乎都找到了自己的兴趣点，很有意思。20世纪30年代，战争已经打响了，每个人的思想都必须经过一个转变。

卞之琳是访问完英国之后回来给我们上课的，属于晚一辈的教师，他的诗人气质非常浓郁。那时候他作为诗人已经非常有名了，可在学校里还不是正教授。卞先生是江苏海门人，口音非常重，我们常常感觉听不懂他在讲什么。不过他带着口音的讲述，倒是让我们加倍集中注意力，他讲的东西反而记得更牢固了。

汤用彤个子比较小，治学非常严谨，讲的又是"玄学"，给大班上课时嗓门特别大。数理逻辑学家沈有鼎教我们"逻辑学"，他讲课时总喜欢盯着自己的手，让我们很纳闷，可惜逻辑课我就没怎么懂。印象最深的是郑昕的康德课。郑昕较年轻，他讲的是一个永远永远没有办法解决的问题：是否有超生死的物本身存在？康德在这个问题上困惑了很久，郑昕似乎也一直在这里面矛盾和挣扎，现在看来，这个问题似乎也没有办法解决。

我觉得西南联大教育一个最大的特点，就是每个教授——他这个人跟他所学的东西是融为一体的。所有的教授跟自己所思考的问题合成一身，好像他的生命就是这个问题的化身，他们的生活就是他们的思想，无论什么时候都在思考。这对我的熏陶极深，我就生活在一个浓厚的学者的文化艺术氛围里面，这种无形的感染比具体知识的传授要大得多，像是注入了一种什么东西到我的心灵里面，以后我对艺术的尊敬、对思考的坚持，都是从这里来的。

西南联大的教育就有点像孔子带着他的弟子们走来走去，老师整个地就成为思考的化身，这种精神是我以后在任何学校都找不到的。

从教学方法看，联大的教授们注重启发式教学，如预先指定相关参考书，提出一些供学生思考的问题，然后学生带着问题看书。上课时老师边讲授边与学生议论，向学生介绍自己的研究体会，或是组织课间讨论，教师引导、启发。许多教授还抽时间对有研究兴趣和学有专长的学生予以专门辅导。名师授课，由于受课程名额和开课时间的限制，我们学生选课往往犯难，令人目不暇接。鱼和熊掌不可兼得，只好抽空旁听，于是时有爆棚现象，旁听人数竟达数百，以至有的教授不得不三易教室，最后只好在露天上课。

"肆意生长"的学生

当时考入西南联大的学生可以说都是全国各地很优秀的学生，学生们也很有个性。

那时候的学生比起今天实在太少了，工学院的学生是最多的，总共也不过四五百人。文、法、理三个学院加起来也不过七八百人。我们哲学系是文学院的，一个系不过十六七人。经济系人最多，可能大家考虑经济系出来好就业。

在我看来，联大的学生真的很潇洒，就如同野地里的花花草草一样，肆意地生长着。我们经常是喜欢的课随便去听，不喜欢的也可以不去。因为老师上课从来不点名，不记考勤。课堂讨论可以各抒己见，畅所欲言，观点可以与老师相左，甚至指出老师的授课错误，可以随时听各种立场、各种学术流派的公开演讲。课外也很自由，联大师生课外喜欢泡茶馆，边吃边看书、聊天、讨论问题等，海阔天空，无所不谈，有时候辩论起来各不相让。联大学生学习刻苦，但也有自由散漫者，每人都我行我素，表现出很大的独立性。

那时，我旁听冯至先生的"歌德"和沈从文先生的"中国小说史"。他们的文学课自然都是当时喜爱中外文学的学生心所向往的。冯至是我们的德文老师，要求极为严格，他最像现代的老师。沈从文先生的"中国小说史"，听课的人数很少，大概只有六七个人听。沈先生讲课字斟句酌，非常之慢，特别爱写黑板字。可是我觉得他真是一位文学家，不像我们说话东一句西一句地连不上，他的每一句话、每一个字都非常有逻辑性，如果把他的课记录下来就是一篇很好的文章。我留美回国后，还见过沈从文。一次西南联大的校友、诗人袁可嘉请我去家里吃饭，巧遇沈从文。席间沈从文突然问，你们记得有个写诗的郑敏现在到哪里去了？我心中窃笑，沈从文只记得在他主编的《大公报·文艺副刊》上频频发表诗歌的郑敏，却不记得我还当过他的学生呢。

这些课丰富了我当时年轻的想象力，加上昆明是一个这样迷人的地方，使得我不得不找一种方法抒发我的感受。这样我就开始写诗了。《九叶集》中收录的我的诗《金黄的稻束》是被读者所熟知的一首诗，就是在那时候写成的——"金黄的稻束站在 / 割过的秋天的田里 / 我想起无数个疲倦的母亲 / 黄昏的路上我看见那皱了的美丽的脸 / 收获日的满月在 / 高耸的树巅上 / 暮色里，远山 / 围着我们的心边 / 没有一个雕像能比这更静默……"

至今一回忆起昆明的石板路、石榴花，突然来又突然去的阵雨，人字墙头的金银花和野外的木香花，还为之心旷神怡。那时我所写的《鹰》和

《马》确实都是昆明蓝天上和入暮小巷里的时物。记得我是用一个小纸本记下这些不知不觉来到我想象力光圈内的短诗。1949年出版的我的诗集将这些短诗中的很大部分都收录了。

当时西南联大的诗歌创作空气是非常浓厚的，因为在联大执教的老师中，就有冯至先生、闻一多先生、陈梦家先生、卞之琳先生，还有云南大学李广田先生等，都是知名诗人。可以说，云南在20世纪40年代云集了整个中国新诗各阶段的主要大诗人。

在大学一年级阶段，闻一多、徐志摩、卞之琳、废名（冯文炳）等人的新诗进入了我的阅读范围，但诗真正进入我的心灵，缘于二年级的一个偶然机会。作为一名哲学系学生，学校规定必修德文。当时有两个德文班，而我被分配到冯至先生的德文班上。这个偶然的决定和我从此走上写诗，并且写以"哲学为近邻"的诗有着必然的联系。因为我从那时起，就在冯至先生的《十四行集》中找到了自己诗歌的最终道路。

当时的冯至才步入中年，虽然按照当时的习惯穿着长衫，拿着一个手杖，看起来却是一位年轻的教授。冯至在课堂上言谈的真挚诚恳更是充满了未入世的青年人的气质，他总是笑容可掬。老师们的驻地——司家营、骚子营就在学校附近。冯友兰、闻一多、朱自清、沈从文等先生都住在附近。联大的逼仄和"跑警报"的日常活动使得师生在课外相遇的机会很多，学生们也常去老师家中。我们班上才四五个人，师生亦是友朋。

我有相当一段时间经常去冯至先生在钱局街的寓所，坐到很晚，谈些什么已记不清了。卞之琳等人有时候会去看冯先生，他们聊天的时候我就坐在边上听，一言不发，他们也不会赶我走。由于那时我的智力还有些混沌未开，只隐隐觉得冯先生有些不同一般的超然气质，却并不能提出什么想法和他切磋，但是这种不平凡的气质对我的潜移默化却是不可估量。那种感觉几乎是我的处女作《诗集：1942—1947》的基调。

在我大学三年级时，一次在德文课后，我将一本窄窄的、抄有我诗作的纸本在教室外递上，请冯至先生指教。第二天德文课后，先生嘱我在室外等他，片刻后，先生站在微风中，衣襟飘飘，一手扶着手杖，一手将我的诗稿小册递还给我，用先生特有的和蔼而真诚的声音说："这里面有诗，可以写下去，但这却是一条充满坎坷的道路。"我听了以后，久久不能平静，直到先生走远了，我仍木然地站在原地。我想就是在那一刻，注定了我和诗歌的不解之缘。

许多许多年以后，我才意识到在写新诗方面，无意中走上了冯至在《十四行集》中开创的那条中国新诗的道路。套用德里达的一句话：柏拉图和老庄永远出现在我的面前，而我总在倾听他们和缪斯的对话，并且寻找表达他们对话的汉诗艺术。

附：对话

最好的纪念

通讯员·祁雪晶

问：经过90年，您觉得西南联大给自己的影响有哪些？

郑敏：联大给我的是哲学、是诗歌、是人生境界的影响，是我一生最大的支柱。可以说，在联大我完成了哲学思维的养成，诗歌创作风格的基奠以及人生观、价值观的转变。从西南联大，我走向了自己具有诗歌使命的人生。

问：西南联大的大学教育有什么特点？

郑敏：最大的特点就是"自由"。学术自由、思想自由、教授自由、学生自由。在这种自由宽松的环境下，出现了包罗万象、百家争鸣的学术、思想盛况。

问：您认为西南联大的办学成功经验对于现今大学教育有什么启示？

郑敏：西南联大给我们现在的大学留下一笔精神遗产，用一句话概括的话，就是独立思想、自由精神的思想风气，或者说是一种学术传统。

西南联大最重视的是教授和学生，给予了他们充分的、自由宽松的发展环境。它那种兼容并蓄的精神风范，可以将不同学术风格的人包容进来，让大家共生共长。所以联大会聚了一批学贯中西的大师，培养了一批有创造力的学生，这一点非常重要。实际上，西南联大那种局面是与当时的时代背景密切相关的。五四运动之后，科学与民主的思想深入人心，存在救国图存的紧迫需求。我们现今的大学，也要适应社会的发展，自由、民主、图强依然是如今大学教育的努力方向。

问：西南联大走出了许多大师，这与现今"中国出不了大师"形成鲜明对比，您认为我们应该如何孕育大师呢？

郑敏：我看现在的大学，把教授和学生都"绑"死了。各种各样的制度和要求，让教授们无暇专注于自己的学术研究。在各种束缚下，教授们感觉不到自己是一个"学者"，一个纯粹的"知识分子"。实际上，教授们并不是学校给学生们雇来的"保姆"，不能只按照学校的要求去给学生们"灌输"知识，让他们长大。

还有一点，大师并不是单单靠大学培养出的。教育应该是一个复杂的系统，我们不应该仅仅把目光放在大学上，地基不好怎么盖楼房？总而言之，现在的教育有不少问题，需要大家去反思和革新。

我觉得，对于西南联大精神最好的纪念，不是反复去追问，而是立刻行动起来。

《中国教育报》2012年3月16日

09 戴逸：以历史触摸未来

本报记者·高毅哲

人物介绍

戴逸，历史学家。中国人民大学教授、清史研究所名誉所长，清史编纂委员会主任，中央文史研究馆馆员，曾任中国史学会会长。1944年考入上海交通大学铁路管理系，1946年考入北京大学史学系，1948年进入华北大学（中国人民大学前身）学习，后留校任教。最初从事中国革命史、近代史研究，后转入清史研究，是清史学科开创者之一。

深入了解那时的清朝和世界，能帮助我们在经济全球化的今天，更好地推动人类的进步。

——戴逸

今年已经86岁的戴逸，越来越经常地想起干将、莫邪的故事。

干将、莫邪奉命铸剑，却屡炼不成。最后二人舍身跳入火炉，终于炼出传世宝剑。

"我非常敬佩他们的精神。"戴逸说。

此时距他2002年担任国家清史编纂委员会主任已逾10年。如今，计划总字数达3000万字的清史，已有90%的初稿到位，但依然不能轻言功成。

10年来，他担当重任，未敢少歇。他与修清史最早结缘，是在53年前，而直到2002年，他才终于梦圆。这个梦做得太久，他格外珍惜。

尽管他曾担心自己年事已高不能胜任，但在同行眼中，他负得起这样的担当。自1978年受命组建中国人民大学清史研究所后，戴逸全身心投入到清史研究中，20多年来，他著作等身，成为清史研究的旗帜，人们称誉他为清史大家。

1912年，宣统逊位。在归于尘卷90年之后的2002年，终于迎来了清朝的修史之人。

对历史，从少年迷到白首

1946年，戴逸20岁的时候，干了一件即便放在今天，也足够让人感到不可思议的事。

他从上海交大退学了。那时候他已经在铁路管理系读完大二，还有两年就要毕业。但是他重新考试，转投北大，从大一读起。

不为别的，只因为北大有他向往的史学系。

那年夏天，戴逸宿舍楼下突然来了一群青年学生，到处张贴布告。原来抗战胜利后从昆明回迁北平的北京大学，要借用交大的教室招收新生。那时戴逸常常感到与理工科格格不入，非常难受。如今北大回迁招生，他萌生了转投北大的念头。

这无疑是一个疯狂的想法。在那个重理轻文的年代，学铁路管理意味着金饭碗，而学历史则是毕业就失业。亲朋好友一致反对，但戴逸最终还是下定决心，转投北大史学系。

"童年时代起的兴趣和爱好，使我走上了清贫寂寞的历史学者之路。选择历史，我无怨无悔。"戴逸说。

他对历史的痴迷，始于小人书。常熟城内，常有走街串巷的租书人，担子中有各种各样的小人书。家里给的几个铜板，都被戴逸用在了租书上。他最感兴趣的就是历史故事，《东周列国志》《三国演义》《说唐》《西游记》《水浒传》……每本历史故事书，他都看得津津有味。不仅如此，他还痴迷于小说、评书、京戏。有一次他听评书出了神，晚饭没有吃，竟在书坊里听到晚间10点钟，急得家里人到处找他。

读高中后，他又遇到了杨毅庵老师。杨毅庵出身无锡国学专修馆，对中国古代诗文极有造诣。每次讲课，杨毅庵指点千秋，纵横古今，16岁的戴逸听得如痴如醉。杨毅庵对这个颇具灵气的学生也十分喜爱，到了寒暑假，杨毅庵每天都把戴逸叫到家中补习课程。在杨毅庵的指导下，戴逸高中时代就接触到经史子集各部类的书籍。后来只因沦陷区没有好的文科大学，他不得已才去了上海交大。

1948年，他因在北大参加学生运动出走解放区，在华北大学就读。年底分配工作，他提笔就写"历史研究"，于是分配到华北大学一部政治研究室革命史组，在党史专家胡华的领导下工作，从此正式走上了历史学研究的道路。

他对历史，从少年迷到白首。他说，生活中常有球迷、棋迷、戏迷、歌迷、影迷，读书、作研究也有许多入迷的人，他就是其中一个。

"求之不得，寤寐思服，悠哉悠哉，辗转反侧"，别人把这话写给心上的姑娘，他把它拿来形容自己对历史的感情："学者应该对自己的专业具有深厚的感情，甚至达到废寝忘食、朝思暮想的程度，全部的心思都专注在学问上，其他事情上则心不在焉。"

或许正是因为这份感情，第一次见到记者，他开口就问："你想找我问什么呢？"

记者还没来得及回答，他就自问自答："我们来谈谈对清朝应该有一个什么样的认识吧！"

他倚在椅子上，开始讲清朝的文治武功。那一刻，他就像回到了少年时代，只不过这一次，他是历史的说书人。

当历史被误解，不能无动于衷

戴逸坚持着自己的"史德"："治学要有坚持真理的勇气。研究学问是探索未知领域，追求客观真理。而真理并不是一下子就能被大家所认同、所接受，有时真理在少数人手里，未被大众所认同的真理会遭到许多人的误解，科学家要敢于坚持真理。"

也正因此，在戴逸眼里，该如何认识清朝，是"一项很急迫的工作"。

急迫？这有什么急迫的？

史学界公认，中国历史中有三个盛世，一是始于西汉"文景之治"的盛世，持续130多年；第二个盛世始于唐朝"贞观之治"，持续120多年；第三即为"康雍乾盛世"，长达134年。但传统观点也认为，汉、唐盛世，无论国力还是文化等诸多方面都达到极盛，而清朝已经开始衰落，虽也是盛世，但不及汉唐。

但戴逸认为，"康雍乾盛世"才是中国历史上发展程度最高、最兴旺繁荣的盛世。他眼里的清朝，尽管闭关锁国、禁锢思想，但它的文治武功、社会发展，终于使中国两千多年的封建社会攀上了顶峰，并奠定了现代中国的基础——

"在清朝，中国人口突破3亿，整个欧洲也没有那么多。在没有现代工业的传统社会里，这需要极其强大的经济力量，才能养活3亿人口。清朝还完成了许多宏大的文化工程。在康雍乾时期，中国多次出兵与外来势力和分裂势力斗争，巩固了国家疆域，中原文明与游牧文明持续千年的战争，在这时画上句点，统一的多民族国家终于形成……"

清朝是距离我们最近的封建王朝，灭亡不过刚满百年，今人对它的认识就有些"跑偏"，身为历史学家的他当然感到急迫："清朝拥有近300年的历史，在这段时间，中国传统社会的发展达到了顶峰。可是现在大多数人对清朝，仍有很大误解，一提起清朝，就是腐朽落后，处处挨打。"

他是搞历史的,当历史被今人误解,他无法无动于衷。"你总要知道你生活的这片土地,都经历了什么,它是怎样一步步走到今天的。只有这样,你才能更深地理解,为什么一个国家和民族是这个样子,而不是那个样子。"

也正是执著于历史真相的探寻,他不放过任何一个可能的细节。几年前,他在报纸上读到一篇文章——《山西发现八十余封北洋军政要员信札》,写信人物均为清末民初政治舞台上的重要人员,所谈事为当时重要事件,他深恐这些珍贵资料或有散失,立刻和报社联系,一口气问了三个问题:"不知这些信函现存于何处?保管者何人或何单位?地址电话邮编为何?"

在写作《乾隆帝及其时代》的时候,戴逸已年过花甲。为了写好这本著作,戴逸把1500多卷的《清实录·高宗》从头至尾读了一遍,做了十几本读书笔记。乾隆数万首诗词文章,戴逸也一篇不落,摘抄制成卡片。戴逸以世界史的视野,以乾隆80多年生命之旅为切入点,广泛搜罗中外文献与档案,将一个在世界剧变的前夜,既成全了大清辉煌顶点,又为其最终衰败埋下祸根的乾隆皇帝,展现在世人面前。

后有书评曰:"严密的考据与优美的叙事相结合,并且引入世界历史的变幻节奏,在中外互动中给人以历史感悟,让人认识到乾隆帝当时的天朝心态及其致命伤,进而在反思中华帝国晚期封闭格局的同时,引发读者的无限遐想。"

用思想体现历史的意义

弟子们想起跟随戴逸求学的岁月,最常提起的是前往他家中和他谈话的场景。

戴逸的家在北京张自忠路段祺瑞执政府院内,那里以前是中国人民大学的老校区,庭院虽然古色古香,但都是老楼,居住条件实在谈不上舒适。

戴逸1996届的博士生迟云飞还记得当年去老师家的情景："一进去，就发现狭小的两室一厅摆满了书，连坐的地方都腾不出来。很多书放不下，还搬去了老师女儿家里。后来清史研究所为老师腾了一间办公室，才算在家里腾出了点空间。"

当年，就是在这满屋书香中，弟子们和戴逸谈天说地，纵论古今。戴逸为人随和，又极为健谈。山西大学现任副校长行龙，1995年投到戴逸门下读博，这样回忆当年和老师谈话的情形："每次去家里，我会跟他坐在客厅的黑皮沙发上闲聊，学问、工作、生活无所不谈，吃饭、喝水、抽烟无所顾忌。近距离地呆在他面前，贴着他的耳朵说话，甚至干脆扶着他的手臂开玩笑，对我都是一种幸福。"

弟子们爱和戴逸聊天，不仅是由于他的随和，更是因为他的睿智。戴逸在历史研究中展现出的宏观研究视野让迟云飞受益匪浅，"按学界通行做法，清史以1840年为界划为古代史和近代史，以往大家都是各取一头研究，戴老师则是对整个清朝进行研究，而且他还把清朝的历史放在世界背景下考量，视野极为开阔"。

20世纪90年代，戴逸主持课题"18世纪的中国与世界"，最终出版导言、政治、军事、边疆民族、农民、经济、社会、思想文化、对外关系等九卷著作，轰动学界。

随着产业革命、资产阶级革命的爆发，人类历史在18世纪突然加速，东西方文明以前所未有的程度碰撞、斗争。当西方的生产力像泉水一样奔涌而出的时候，中国还正处于天朝上国的顶点，不论是东方西方，一系列重大变化正在进行或即将开始。

"在这个历史进程中，中国失去了认识世界、追赶世界、发展自己的好时机，差点一蹶不振。人类也为这种文明之间的大冲撞，付出了难以估量的代价。深入了解那时的清朝和世界，能帮助我们在全球化的今天，更好地推动人类的进步。"戴逸说。

戴逸曾总结了当代历史学家应具备的四种素质：资料、思想、文采、道德。他说:"要学会辩证思考,从事物的发展和相互联系中看问题,不要孤立地、静止地看问题。研究工作要分析推理,从资料中找出规律。对于刚在研究道路上起步的人,养成思考习惯、锻炼思考能力是十分重要的。"

"几种素质里面,思想恐怕是最难的。一个问题的资料可以在几年之内找全,但思想需要更长时间的积累。没有一种对探索人类命运的情怀,或许就不能真正体会到历史的意义。"迟云飞说。如今迟云飞已是首都师范大学历史学院的博士生导师,面对年轻的学子,迟云飞不断地向他们强调,作历史研究,一定要有探索人类命运的使命感。

老师老了,但老师的智慧没有老。戴逸曾经播下的思想的种子,就这样薪火相传,生生不息。

修史历经三起三落

有时候戴逸会说自己是个幸运的人。

因为学历史,他认识了很多人,而这些人总是能给他帮助,如果少了他们中的任何一个,他可能就不是今天的戴逸了。

他的第一位恩师杨毅庵,使戴逸由业余的历史爱好者,初步奠定了历史研究的知识基础,打下了扎实的古文功底。戴逸曾回忆杨毅庵的讲授:"一篇文章立意之新,用笔之妙,炼句之工,用字之切,他讲得头头是道。杨先生吟诗诵文,抑扬顿挫,声遏行云,尤其是读词赋和读骈体文,平仄对仗,神妙之至,使16岁的我听得如痴如醉。"

来到北大史学系后,戴逸结识的郑天挺、胡适,又先后两次出手相救,让戴逸在生死关头转危为安。

一次,戴逸突患盲肠炎,盲肠穿孔,腹中大量积脓,然而校医院却要先交钱,才接收治疗。郑天挺接到同学急电后,当即通知医院接收戴逸,并免费为他治疗。戴逸在医院躺了40天,方才转危为安,出院后,郑天挺还给了他一笔生活费。戴逸说:"当时我马上就要死掉了,郑先生如果没有打这个电话，就没有戴逸这个人了。"

而胡适更是在戴逸面临成为政治犯危险的时候，把他"捞"了出来。1948年，戴逸因为参加学生运动被逮捕，带到特种刑事法庭接受当局审讯。胡适得到消息，赶忙写了一封信，跟对方说"这是个好学生，跟共产党没有关系，我可以保证，我保释他"。由于胡适当时在国民党里的声望，戴逸带着一个"保释在外，听候传信"的处理意见，被放了出来。由于时局危急，戴逸未敢久留，通过地下党迅速离开北京。

他跟吴晗的结识更有戏剧性。在北大期间，戴逸是搜集进步书籍的子民图书馆的总干事，有一天，他听说吴晗有几本这样的书，于是直接上门索要。吴晗搞不清面前这个突然前来的年轻人的底细，自然一口回绝。

被拒绝了的戴逸却没有走，彼时他已读完吴晗的《朱元璋传》，更在攻读332卷的《明史》，如今面对明史专家，自然不能放过当面探讨的机会。一番交流之后，吴晗对戴逸的历史功底刮目相看。这一面之交，让吴晗对这个学生留下了深刻印象。

两人再次相见已是解放后，已经担任北京市副市长的吴晗并没有立刻认出戴逸，但当戴逸提起当年情景时，吴晗一下想起了他。也正因着这段缘分，1959年，新中国第一次把修清史提上议程，周恩来委托吴晗组织人力，编纂清史，吴晗想起了刚刚30出头的戴逸，把他叫到办公室谈了一下午。只是由于正处三年困难时期，此次修史的计划暂时搁置，但戴逸也自此与修清史结缘，随后1965年、1978年国家两次动议修清史，戴逸均未缺席。

别人家老头子到了这个年龄，正是遛鸟种花、下棋打牌的悠闲时候。可他不，他还在历史里用功。他说命运对他是很眷顾的，他一生中遇见了很多帮助他的人，他不能枉费了命运的垂青。

当他76岁时，命运再次眷顾了他。2002年，国家正式启动清史工程，并任命他担任国家清史编纂委员会主任。从明洪武元年算起，近600年间，算上这次，国家修史只有4次，是真正的百年不遇。

曾跟自己共同畅想清史的吴晗、郭影秋已经离去，经历了修史三起三落的戴逸，终于在76岁那一年，圆梦清史，他难抑激动："能够为此尽绵薄之力，是人生最大的幸事！"

"往后看"是为了未来

在被任命为委员会主任后，一向严谨的他曾表露心迹："面对百年不遇的文化工程，我有喜有忧，最关心的是质量问题，最担心的也是质量问题。"

与过去修史不同，王朝修史，通常会设立史馆，人员全职参与。如今全国1600多人的修史队伍，实行的则是项目承包制，绝大多数人都属于兼职修史。清代留下的各类档案资料瀚如烟海，编纂计划中的一些内容，更需要各行各业的专家参与，要想修出一部经得起历史考验的正史，难度极大。

按照清史委员会的制度设计，所有学术争论将由身为主任的戴逸负责定夺。委员会传记组组长、三联书店副总编辑潘振平说："你能想象他的压力有多大吗？他的每一次决定，都是要对历史负责的。"

他已经86岁。他听人讲话，已经需要戴上助听器，他走路的步伐也变得迟缓，有时还需要拄着拐杖。

尽管如此，他依然没有放松工作。他每天不断地读稿、审稿，看见一些经过几次校审的稿件，依然出现一些文字或者史实错误，他就会变得着急："一篇稿子说太平军出金田，民众欢饮迎之。这怎么可能呢？早期太平军严禁饮酒，怎么能让老百姓去'欢饮'呢？"

2012年3月下旬一个普通的清晨，戴逸又来到中关村。国家清史编纂委员会的办公地，就在这里的一栋写字楼里。

作为京城的繁华之地，中关村的清晨从来不缺喧闹。8点多钟的光景，衣着光鲜的白领们穿梭在高耸的写字楼之间。出售早点的地方，不论是卖汉堡咖啡的洋快餐店，还是摊煎饼果子的两轮推车，都挤满了人。每一辆进站的公交车，都会有一大群人一涌而出。

最新的时尚数码潮流在这里涌现，最前沿的高端产业在这里聚集。信息以光的形态沿着光纤光缆疾驰，概念在风险投资的助推下大跨步地成为现实。这里为人们所熟知的一切，瞄向的都是未来。

似乎发眉皆白的戴逸是个例外。

在那栋以"数码"命名的写字楼里，他穿着一件蓝布外套，一双纳底布鞋，拄着一根拐杖，步伐略显迟缓，来到位于12层的会议室。

今天要召开的是传记组的编务会。会议开始，戴逸和同行们交流起传记组最新的工作情况，并就一些学术争论发表自己的意见。玻璃幕墙将现世的喧嚣隔离于外。不大的会议室里，努尔哈赤、乾隆、曾国藩等人的名字在讨论中不断出现。

在戴逸和同事们的努力下，一个王朝的文治武功与迟暮落寞，和生活在它历史时空里的帝王将相和贩夫走卒一起，渐渐以前所未有的清晰面貌呈现。

外面的世界那么繁华，他们却在回头望。

有时有人质疑，这样有意义吗？清史需要那么着急去修吗？

"怎么会没意义呢？"他说，"一个国家不了解自己的历史就不会有未来。清代与现代中国息息相关，我们在那时从天朝上国的美梦中惊醒，也在那时开始面临三千年未有之大变局，更在那时开始开眼看世界。长期领先世界的中国，为什么会在近代衰落？我们如今又将怎样实现民族复兴？世界潮流，浩浩荡荡，历史不能告诉我们答案，但历史可以给我们一面明镜。所谓以史明鉴，即是如此。"

他们在往后看，可谁又能说，他们摸到的，不是未来的脉搏呢？

《中国教育报》2012年4月13日

10 潘懋元：高等教育学的"名片"

本报记者·熊杰 董立平

人物介绍

他以拓荒者的精神推动一门学科的创立，并以前瞻眼光破除高等教育发展的理论桎梏。他被公认为中国高等教育学的奠基人。他拥有传奇的从教经历，他从15岁开始教书，100岁还上了网课；他从小学老师当到厦门大学副校长。

> 如果有来生，还是愿意做一名教师。
>
> ——潘懋元

5月的厦门，海风徐徐，火红的三角梅争相斗艳。

5日，周六，晚7点，距潘懋元家的学术沙龙正式开始还有半小时。在潘家略显零乱的客厅里，30多个学生坐在大小不一的凳子上，交谈、互看论文、吃水果，看得出主人给了他们足够的自由。

92岁的潘懋元身穿一件白色衬衫，慈眉善目。他坐在离门最远的沙发上，学生们轮番上前讨教，有的向他汇报作业，有的推荐自己的新书，有的向他征求论文开题意见。潘懋元慢条斯理，一一回答他们的问题。他说话略带广东潮汕"地瓜腔"，但中气很足。学生们都称他"先生"，和他交谈时，往往凑得很近，甚至是肩膀挨肩膀。有的学生谈话毕，还会拍拍他的大腿。

这些"学生"多数在30岁左右，有访问学者，也有在本地工作的教师，更多的是高等教育学的博士生、硕士生。今天沙龙的主题是"文化传承创新与高等教育强国"。潘懋元更多的时候是在做一个倾听者，拇指和食指分开，叉住下巴，静静地听学生发言，这是他惯有的姿势。

潘懋元家每周六的沙龙虽小，但已闻名遐迩，且持续了20余年。沙龙是漫谈式的，从学术探讨到社会动态，无所不谈。

来参加学术沙龙，已成为研究生来厦大教育学院求学的"固定节目"，也是学院的一张"名片"。提起高等教育学，大家都会联想到潘懋元，他已成为高等教育学的一张"名片"。

活跃在高教学界的"老顽童"

4月6日，是厦大91周年校庆的日子。上午10点，92岁的潘懋元参加完学校举行的庆典，又来到嘉庚主楼会议室，参加教育研究院的奖学金仪式。在听完博士毕业生作的校史报告后，潘懋元走上讲台，没有讲稿，站着讲了20分钟。他讲校庆的意义、校园文化、校史，如数家珍，娓娓道来。

接下来，他又给教育研究院的获奖教职工、博士生、硕士生颁发证书与奖金。颁奖时，他总是身体前倾，双手把奖状捧给每位获奖者，并一一握手，在合影时，他露出孩童般满足的微笑。

这个简单的会议，折射了潘懋元为人熟悉的一面。他参加学术会议，都是自己准备讲稿，而且总是站立演讲。常言道"人老话多，树老根多"，但潘懋元例外。即使是到90多岁时，他也没有废话，发言总是言简意赅，而且总是在抛出独特见解时戛然而止。

博士生方泽强说：我们为什么喜欢和潘先生在一起？因为他尊重学生、尊重学术，不絮絮叨叨，更没有任何架子。先生喜欢倾听，不管学生意见对否，他都不打断，他把我们当小孩子，我们把他当成"老顽童"。

潘懋元先生虽已到耄耋之年，但仍然坚持上讲台，作研究，看学生作业,仍然在招收博士生、博士后与访问学者。每年暑假他都要认认真真地为即将开学的博士生查阅资料,认真备课。有人看到说:"先生,您都给博士生讲了几十遍啦,还用备课?"他答道:"教师上课最首要的是要备好课,我虽然讲了30多年,但每年的授课内容都不一样,都要更新与完善。"

不仅活跃在教学一线,潘懋元在生活中也很有激情。潘懋元的学生、厦门大学副校长邬大光回忆了他和时年82岁的潘懋元到西藏出差的经历。

踏访西藏,一直是潘懋元的一个心愿。2002年,潘懋元接到在西藏开会的邀请,"跃跃欲试,全无难色"。担心受到家人的阻拦,他还和邬大光订了攻守同盟:赴藏之事,不必向家人提起。

邬大光忐忑不安,在临行前一天,还是忍不住向潘老师的大儿子、时任厦大副校长的潘世墨坦白。潘世墨大吃一惊,但是,他考虑再三,决定成全父亲的心愿。

就这样,当年,82岁的潘懋元登上了海拔5020米的西藏米拉山。邬大光说,到达米拉山山口,因空气稀薄,缺氧严重,大家都说,不要下车了,但是,潘懋元说,当然要下,抽根烟,照张相,留个纪念。

光做老师就有77载

在两年前举行的一次庆典上,当时已90岁的潘懋元说,如果没有学生,我会很寂寞。他的学生在场下会心地笑了,他们都熟悉他的一句话:"我一生最欣慰的是,我的名字排在教师的行列里。"

潘懋元身上有个传奇:他从小学校长、中学教务主任,当到大学副校长。这位老人习惯性地眨着眼睛,带着小孩子般得意的神情说:"70多年来,我当过小学生、中学生、大学生、硕士生、博士生的老师。"

1920年8月,潘懋元出生于广东汕头一个贫苦小贩家庭。小时候在家随哥哥学习识字,8岁入私立东海小学读书,后转入私立时中中学初中部。

1940年,潘懋元一行三人,从广东汕头步行至福建长汀,报考抗日战争期间暂时迁往长汀的厦门大学，由于准备不足，未被录取。潘懋元没有气馁，更加刻苦地钻研，于1941年秋考入厦门大学，主修教育学，辅修经济学。

为维持学业，他开始勤工俭学，兼任福建长汀县私立乐育小学教师、长汀县立中学教务主任。而这并不是他第一次当老师，早在他15岁读初中三年级时，哥哥的朋友、揭阳树德小学校长，就请他去兼课，教小学三年级国文和算术。

大学里学习教育学，从小学教师、中学教师做起，投身教育实践，到后来从事大学教育管理、教育研究，潘懋元的一生和"教育"这个关键词联系在一起。

抗战胜利后的9月，他到江西的学校当过文史老师，还兼过教务主任。

1946年，潘懋元大学的老师李培囿教授推荐他回厦门，作为校长人选，负责复建厦大附小，潘懋元提出希望能在任小学校长的同时，在厦大教育系做助教，他的要求得到校方同意。从此也就开始了教育学教学与研究的生涯。

10月，潘懋元回到厦门，开始筹办新的厦大附小，并出任校长。刚创办的附小，坐落在海滩边上，孩子在这里尽情地玩耍，荡秋千、砌沙盘、放风筝。学校唯一的校车用来接送孩子们上下学，每天早上学生还能喝一杯牛奶。回想起这段日子，潘懋元说，当时真正体现了"一切为了孩子"的理念，同时，也是在实践陶行知、陈鹤琴的教育思想，即"生活教育和活教育"。

新中国成立后的1951年，潘懋元由厦门大学保送至中国人民大学教育学研究系，进修研究生课程。回到厦门大学后，潘懋元开始高等教育学的研究工作。

1962年起，他兼任《厦门大学学报》（社会科学版）常务副主编，而主编由著名经济学家、时任厦门大学校长王亚南担任。

回忆起王亚南任校长期间的岁月，潘懋元感慨颇多。他说，王亚南注重学术研究，创办了《厦门大学学报》，成为全国最早创办的三家大学学报之一，还培养出了数学家陈景润。

王亚南鼓励学生参与学术研究，经常邀请学生到他家里讨论学术问题。潘懋元说，正是因为喜欢这种既有家庭温馨，又有学术氛围的活动形式，所以现在每周末还坚持一次学术沙龙，其实，这是从王校长那里学来的。

担任大学教务处长、编学报，受学术氛围的浸润，这都为潘懋元研究高等教育学提供了实践土壤和思想源泉。直到后来当博导，他还会经常提起这段岁月对自己学术人生的影响。

高等教育学的拓荒者

20世纪50年代初，我国的高等教育迅速发展，但当时没有完整的理论来支撑。那时，我国原有的教育科学仅仅把普通教育作为研究对象，不能适应高等教育发展的要求。

当时潘懋元刚过而立之年，在厦门大学讲授教育学并负责教务行政工作。他意识到，忽视高等教育的特点、硬把普通教育理论搬到高等教育中行不通，必须建立有别于普通教育学的高等教育理论。

听说潘懋元要"冒尖"，对高等教育进行专门研究，许多同行和专家不以为然。但是，潘懋元选择了坚持。

1956年暑假后开学，厦门大学的课程表里发生了一个微妙的变化：原来的"教育学"变成了"高等学校教育学"。这就是潘懋元和教育学教研室几位教师作出的尝试。虽然他们仅仅是将普通教育学的框架移植到高等教育学中，在课程与教学理论等章节改变了研究对象，但却开辟了先河："高等教育学"第一次作为一门独立的课程被搬上了课堂。

正当潘懋元准备进一步实施计划的时候，遇到十年浩劫。

"60岁以后出成果"，这是厦大师生对潘懋元学术人生的典型概括。

1978年，潘懋元在报纸上撰文，提出"开展高等教育理论的研究"，他还发表了《必须开展高等教育的理论研究——建立高等教育学科刍议》。在这两篇文章中,他提出了"高等教育"学科一系列需要研究和改革的问题,第一次向人们展示了该领域的广阔性和发展前景。

此时的潘懋元虽年近花甲,却表现出年轻人的激情,他不再满足于20多年前的"小打小闹",他疾呼:"不能再等了!必须建立独立的'高等教育'学科。"

1978年5月,我国第一个高等教育专门研究机构——厦门大学高等教育科学研究室正式成立,此时,距潘懋元把"高等教育"搬上课堂已过去了22年。

然而,起步之初的研究室可谓荜路蓝缕。当时只有5个人,办公地点是在厦大化工厂一间废弃的实验室。里面摆了几张办公桌,开会时几张桌子一拼,成为大会议桌。就在这个地方,几个人又创办了《外国高等教育资料》,这是"文化大革命"后第一份高等教育刊物。这份刊物除了发给本校的教师干部参考外,也向外单位邮寄100多份。

继厦门大学成立高等教育科学研究室之后,全国又新增了好几个高教研究机构。潘懋元说,如果能组织一个全国性的高等教育研究会,就能壮大高等教育研究的队伍,否则,力量分散,难成气候。在1979年的教育学年会上,他提出了成立中国高等教育研究会的倡议。为了争取理解和支持,他奔波于各高校之间,作了近百场专题报告。最终,他的倡议得到了教育界同仁的响应,也获得了教育行政部门的支持。

1983年5月,中国高等教育学会正式成立,时任教育部部长蒋南翔亲任会长,副会长有季羡林、何东昌、钱令希等人。

然而,高等教育学要想成为一门独立的学科,除了要有专门的研究机构外,还必须有教材、有专著。如何撰写一部全面、系统的高等教育学专著?潘懋元根据多年研究反复推敲,提出了《高等教育大纲》(讨论稿),并组织了北京、上海和厦门的9位青年教师,按照大纲分工撰写。1983年,《高等教育学》全书完稿,1984年正式出版。在厦大高等教育科学研究室成立6年之后，中国终于有了第一部属于自己的高等教育学专著。

20世纪80年代，高等教育与市场经济、知识经济的关系，高等教育与传统文化，高等教育的可持续发展，高等教育与地方经济，高等教育大众化，高等教育国际化，大学素质教育与通识教育等诸多问题，不断涌入潘懋元的研究范围。这时，他已经超过退休年龄，但他如同一个勤劳的耕耘者，享受着自己学术的春天。

治学最反对"大、空、洋"

挪威学者阿里·谢沃在《潘懋元——一位中国高等教育学科的创始人》一书中提出，中国的普通教育学首先是从西方引进的，但高等教育学不是，中国建立了自己的高等教育学，有关高等教育学科的最早出版物纯粹是中文。

阿里·谢沃所说的最早的出版物是指潘懋元编撰的《高等教育学讲义》，此书成稿于1957年。20世纪50年代后，国外高等教育研究才开始成为一个专门的领域，但没有提出建立一个专门的学科。20世纪70年代，苏联才有学者编出了高等教育学教材。可见，潘懋元编撰的《高等教育学讲义》足以体现其原创力与前瞻性。

深圳大学高教所研究员李均在一篇论文中写道："近代西学东渐以来，经济学、政治学、心理学、教育学等学科无一不是通过依附、模仿西方而建，但是，在潘懋元的倡导下，中国的高等教育研究另辟蹊径，走上了一条独立自主、摒弃依附的发展道路。"

潘懋元常向学生提起，理论研究中"大、空、洋"的倾向值得注意。"大"就是题目大、口气大，认为别人的研究一无是处，只有自己的理论是"填补空白"的；"空"即空对空，研究的结论纯粹是由理论推导出来，空话连篇；"洋"就是喜欢搬洋人的话，以壮大自己的声势。而真正有原创力的理论，必须来源于实践、指导实践。

潘懋元提倡广泛调查、深入考察、参与教育实践，尽可能使科研成果客观些、科学些,并充分考虑科研成果的可行性。他说,理论和实践是有距离的。一种理论要应用到实践,先要把学术理论转化为应用理论,还要把应用理论转化为政策,再将政策转化为措施,才有可能影响行动。

潘懋元每年给博士生开设两门课——"高等教育专题研究"和"中国高等教育问题研究",其中就包括了社会调查。在近年的社会调查中,潘懋元带着学生们一起坐火车、坐大巴,先后去过长沙、宁波、井冈山、赣州等地,深入学校,取得了大量第一手材料。

博士生王琪说,先生出去,从来不是急于提观点,讲意见,而是要求大家调查、再调查。

潘懋元曾经对博士生说,如果大家希望有所建树的话,去民办校,那里将来会出教育家,公办校出教育家恐怕难多了。他分析认为,民办学校的校长是没有官本位的,没有过多的条条框框限制,如果干得好,他的位置就在人们心中。

在独立思考中为高等教育求解

其实,潘懋元对民办教育的关注,始于20世纪80年代。

1986年,66岁的潘懋元应邀去日本参加"亚洲高等教育系统中的公立和私立体制——问题与展望"理论研讨会。听了与会欧美高校代表关于民办高校情况的报告,回来后,他提出了一个新命题:中国能否发展好民办教育?

在那个年代,提出这个问题需要勇气。那时党的十三大还没有召开,所有制问题还是"雷区",在教育这个领域讨论"私有",未免显得过头,甚至是踩"红线"。

为了说服反对者,他采取了迂回策略,他对西方国家私立高校进行了深入研究,又认真领悟了国家政策和改革趋势,1987年,他发表文章提出,"教育的发展受教育外部规律的制约,教育体制改革一定受经济体制的制约，经济体制改革就是所有制的变化，以公有制为主体，集体所有制、私有制和公有制同样存在……在私有经济基础上，民办高校在中国发展是可行的"。这个观点首先破解了发展民办高校的理论难题，为当时刚萌芽的民办高等教育提供了理论支持。之后的实践，也验证了他的预言。

在高等教育大众化的领域，潘懋元再次体现了作为研究者的前瞻眼光。

1997年，我国高等教育的毛入学率是7.6%，加上高等教育自学考试也仅为9.1%。而这方面的国际权威理论学者马丁·特罗认为，高等教育毛入学率低于15%为精英教育阶段，15%到50%为大众化阶段，高于50%为普及化阶段。因此当时很多人认为，这个时候在中国提出高等教育大众化不符合国情，是"理论误导"。

但潘懋元坚持关注并研究高等教育大众化问题，他认为中国走高等教育大众化道路是必然的选择，需要提前进行研究。随后，他陆续写了《中国高等教育大众化之路》《高等教育大众化的教育质量观》等系列文章。

他还预言，21世纪初中国高等教育必然要向两个方向发展，一是精英教育，一是大众化教育，为了防止精英教育受到大众化教育的冲击出现质量的下降，在高等教育大众化实施过程中，必须保护精英教育。

尊重是他育人的第一准则

潘懋元在大学时和同班同学龚延娇谈了恋爱，两人后来结婚，共同养育了三男一女。他们是令人羡慕的父母，女儿毕业于中国科技大学，成为厦门最早期的高级工程师之一。三个儿子，一位当了副市长，一位当了重点大学常务副校长，一位当了大学党委书记。

潘懋元的一位同事说，我们都称他们家是"一房三厅"，即一个大家庭里，有三位厅级干部级别的儿子，他的"育儿经"念得好。

但潘懋元说，我没有什么"育儿经"，我只认为，人格的养成比知识的教育重要得多，我主要是对他们进行人格的培养，不是婆婆妈妈，而是以身作则，无言之教。

潘懋元坦陈，他花在学生身上的时间，要比花在子女身上的时间多得多，同时，他也尊重学生的选择，尊重学生的学术观点。

在学术沙龙上，经常有学生说，"先生弄错了"，在说这句话的时候，大家从不用担心没顾及潘懋元的面子，因为先生总会静下来听学生讲自己错在哪里，从没有责备学生，更没有把自己的学术观点强加给学生。

在博士生选择学位论文选题时，潘懋元更是充分尊重学生，他说，学生选的题往往是自己感兴趣的问题，也是从自己的知识结构或工作经历中引发出来的。学生自己选的题，就会其乐无穷地去探究，就不会觉得苦，往往会得出创新性的观点。

他指导的两位博士生，在博士学位论文开题时，一位选了"学科建设：元视角的考察——关于高等教育学学科建设的反思"，一位选了"高等教育管理的价值问题研究"。大多数老师觉得这两个选题都太理论化，担心这两位博士生做不了，不同意他们的选题。但作为导师的潘懋元，力排众议，说服大家，支持学生的选题，并强调，我们不能都在搞实践问题研究，也要鼓励与支持一些年轻人作学科理论建设方面的基础研究。这两位博士生的博士学位论文分别获得了中国高教学会的优秀博士学位论文和福建省的优秀博士学位论文奖。

这几年，潘懋元设立"懋元奖"，从个人积蓄中拿出近40万元，对那些秉承其"板凳敢坐十年冷，文章不写半句空""敢为天下先""做学问先做人"之精神的优秀年轻师生给予奖励，但他自己在生活上，依旧布衣素食，不尚奢华。

他说，我个人在物质生活上已经没有什么可追求的了，最大的乐趣是得天下英才而育之。

《中国教育报》2012年5月18日

11 王澍：瓦爿之上的建筑大师

本报记者·储召生

人物介绍

2012年5月25日，在北京的人民大会堂，被称为"建筑界诺贝尔奖"的普利兹克奖，第一次把奖章颁给了中国建筑师——49岁的中国美术学院教授王澍。评审委员会这样评价他："中国当今的城市化进程正在引发一场关于建筑应当基于传统还是只应面向未来的讨论。正如所有伟大的建筑一样，王澍的作品能够超越争论，并演化成扎根于其历史背景、永不过时甚至具世界性的建筑。"

不要先想什么是重要的事，而是先想什么是有情趣的事，并身体力行去做。

——王澍

"五一"小长假，杭州南宋御街。身着蓝色对襟短褂的中国美术学院教授王澍，正接受一家法国电视台的采访，照例吸引了许多游客围观。游客们惊讶于法国女记者娴熟的普通话，完全没有注意到被采访的主角。即使是得了被称为"建筑界诺贝尔奖"的普利兹克奖，即使是在自己设计的南宋御街，王澍仍然不为普通百姓所知。

不仅如此，许多搞建筑的人此前对王澍也并不熟悉：在国外他没有任何建筑作品，没有出过任何作品集，这在普利兹克奖历史上绝无仅有；在国内他的作品也仅限于江浙一带，没得过全国性大奖，按常规的评价标准甚至进不了一流。普利兹克奖评委会主席帕伦博勋爵说："当我们来到中国深入考察王澍的整体作品，毋庸置疑，我们所见证的是一个建筑大师的作品。"然而自2月底该奖公布至今，围绕王澍及其建筑的争论一直没有停息。王澍说，无论在国内国外，他都属于"体制外"的建筑师。这样的建筑师获得建筑学最高奖，争论也是必然的。

5月25日，2012年普利兹克奖颁奖仪式在北京的人民大会堂举行。作为首位获奖的中国人，王澍的名字进入了贝聿铭、库哈斯等大师的行列，也走到了一个建筑师荣誉的顶峰。此前，这位49岁的"体制外"建筑大师接受了本报记者的专访。

"造反派"王澍

当王澍获奖的消息传到东南大学中大院的建筑学院时，据说院内顿时"一片欢腾"。"热烈祝贺杰出校友王澍荣获建筑学最高奖"的大红喜报张贴在醒目的位置，甚至有人建议在楼内建一座王澍的塑像。然而学生时代的王澍，留给东南大学的却是一个叛逆者的形象。

公开资料显示，王澍1963年出生于乌鲁木齐，母亲是北京人。幼年的王澍常常坐火车往返于乌鲁木齐与北京，4天4夜的旅程，据说增加了他不少的阅历。他的姥爷是个手艺不错的木匠，或许由此打下了王澍日后特别尊重民间匠人的根基。

1981年，王澍进入南京工学院（今东南大学）建筑系学习。彼时的王澍，留着长发，言行激烈，很快就成为学院的风云人物。大二的时候，他就成了"造反派"，声称已无课可上，没有老师能教得了他。还有一个更著名的段子，说他宣称中国只有"一个半建筑师"，他自己算一个，系里最权威的老师只能算半个。

让同学们记忆深刻的，还有一次他对建筑设计作业的"叛逆"。按照惯例，当时建筑系学生常常要做1:500的平面设计图。但王澍交上去的却是1:100的总平面图，除了房屋设计、道路系统外，所有的景观他全部做了设计，甚至设计了一个带有完善灌溉渠道的农业种植系统。这在学校历史上从未有过，"连很多老师也画不出来"。

本科毕业后，王澍继续留校攻读硕士研究生。研二时，他写了一篇一万余字、题为"中国当代建筑学的危机"的长文，从梁思成开始，对中国近代建筑史上的著名人物一个一个地批判，一直到他的导师齐康院士。文章不可能发表，他便自己募钱印了150本，广为散发。据说，这篇长文曾在建筑学界广为流传，也真正刺痛了很多人的神经。

这还没有结束。研三时，王澍用陀思妥耶夫斯基的小说《死屋手记》为自己的硕士论文命名，继续对建筑学现状进行批判。论文答辩时，王澍和评委们发生了激烈的争论。评委们或许一方面觉得这个学生太狂了，另一方面觉得这个学生讲得有道理，论文答辩虽然是全票通过，但希望他对论文作出修改。王澍一个字也没有改。有人提醒他这样就拿不到硕士学位，王澍回答："人家颁给萨特诺贝尔文学奖，三次他都拒绝了，我拿不到一个学位算个啥？"

1988年，没有拿到硕士学位的王澍，毕业后来到浙江美术学院（今中国美术学院），没有当上教师，进了当时美院的一个公司。很快他就主动挂职，成了一个不领工资、没有社会医疗保险的自由职业者。直到1995年他到同济大学读博士，结束了长达7年的蛰居生活。王澍说，那是他人生中极度贫寒的一段时光，常常发现自己的周围都是农民工。

和导演李安的经历有些相似，这段蛰居的日子里王澍无事可做，也不愿做乱七八糟的事，全靠同为建筑师的妻子陆文宇的工资生活。或许这也悄悄改变了他的处世风格，那个叛逆张狂的"造反派"王澍不见了。巧合的是，2000年他长达30余万字的博士论文《虚构城市》又遇到麻烦，许多评委都不知道他在说什么。王澍也没有再拿萨特来说事，而是找了几个国内有名的专家来评判，中国美术学院院长许江就是其中之一。

为什么一个学校教育的叛逆者，7年后又回归课堂？王澍告诉记者，他只是想找一个稳定的学习环境，并且，他从来都认为大学里主要是靠自学。但他在一次和友人的聊天中曾说，选择到同济读博，与其说是回归建筑的教育系统，不如说是回归正常的社会系统。

回顾在东南大学的"造反"时光，王澍告诉记者，他从未因此有过任何不愉快，相反，至今他仍很怀念那个时代。"那是一个先生可以和学生因为观点而较真的时代，姑且不论谁对谁错，老先生们都坚持自己的信念。现在，一切都变了。"王澍说。

系主任王澍

2000年博士毕业，王澍到中国美术学院任教。许江说，是他执意把王澍"要"过来的，目的就是让他在美院开建筑系。这也是1952年院校调整之后，中国美术学院再次设立建筑系。

中国美术学院的前身是蔡元培先生创建的国立艺术院。据说当初学校选址时，蔡元培故意避开了北京和上海，希望能在杭州，远离官气与商气，建一个不一样的美术学院，真正实现"以美术代宗教"的愿望。许江告诉记者，他看好王澍的原因，也是希望中国美术学院能有一个不一样的建筑系，重建当代中国本土建筑学。

建筑系成立之初，教师只有王澍一个，学生有近20人。王澍开玩笑说，那基本上就是个"村小"。对于如何重建本土建筑学，王澍认为，热衷于做一些庞大而复杂的东西，但却做不好，粗制滥造，这不仅是建筑教育的毛病，也是当时建筑师的通病，"那就不如从最简单、最直接的东西开始"。从此他们开始了从材料、构造、模型开始造房子的建筑教育新路子，王澍称之为实验建筑学。这在当时是独树一帜的。人们发现，在中国美术学院建筑系，学生们不仅要学做泥瓦匠、木匠的活儿，还要练习书法。

2003年王澍担任建筑系系主任。之后随着规模的扩大，他又担任建筑学院院长。在建筑学院，王澍对教师素质的要求极其严格。王澍看不起那些因袭成见、人云亦云的教师，认为那是一种混日子的教学态度；他同样看不上那些制造复杂、故弄玄虚的教师，认为他们不断向"建筑"二字中填内容，诸如政治的、经济的、文化的、历史的……好似一个填不完的字谜游戏，每填一处似乎就填上了一个"学术空白"。王澍认为，知识在于使用，兴趣促生认知，情趣则影响着生活价值的取向。他告诫学院的教师和学生："不要先想什么是重要的事，而是先想什么是有情趣的事，并身体力行去做。"令王澍不满的是，现在有不少教师迷失在建筑行业的浮躁喧嚣之中，甚至拿一些不上台面的商业设计来充当学术研究。

每年春天，王澍都会带学生去苏州看园林。王澍认为，古人的造园，代表了我们今天熟知的建筑学之外的另一种完全不同的建筑学，是特别本土、特别具有精神性的一种建筑活动。园林以某种哲学标准，体现着中国人面对世界的态度。课堂上，王澍常常会让学生从宋元的山水画中体会建筑精义。近几年，王澍在国内外高校举办讲座，常常会从元代画家倪瓒的《容膝斋图》讲起。那是一张典型的中国山水画：上段远山，一片寒林；中段湖水，完全留白；近处平坡，几株老树，树下有亭，极简的四根柱子，顶为茅草。王澍想告诉学生们的是，如果人可以生活在这张画里，画家宁可让自己的房子小到只能容下自己的膝盖，这才是"容膝斋"的含义所在。王澍说，画中的房子只占了很小的比例，在中国本土建筑学里，有比造房子更重要的事情。

25年前，王澍写了长文《中国当代建筑学的危机》，今天这种状况发生转变了吗？王澍认为，25年来中国当代建筑学谈不上有什么进展，有的话，也是对西方建筑学模仿甚至抄袭的手段娴熟了。他曾看到建筑系二年级学生的作业，已能娴熟地模仿极为复杂的解构做法，但其作者却回答不了一些最基本的构造问题。一次他在北京一所著名的大学演讲，台下就有学生质问他：为什么我们一定要盖中国风格的房子？美国式的房子不也很好吗？

今年普利兹克奖首次花落中国，能给大学的建筑教育带来多大影响？

王澍对此并不太乐观。他认为，中国建筑学界时常有一些思想火花产生，但缺少持续的讨论，缺少其他人应和，最后都归于沉寂，"它总让人觉得已处在一个出发的状态，却从来没有真的出发过"。目前中国许多大学都开设了建筑设计类的专业，红红火火的背后，隐藏着很多危机。王澍甚至认为，现在许多工科和综合性大学的建筑系，走的还是技校的路子。"大学建筑系的设计水准，如果都超不过建筑设计院，那还能叫大学吗？"王澍问。

建筑师王澍

作为一个建筑师，2001年王澍遇到了一个最重要的"甲方"——中国美术学院。王澍几乎所有重要的设计作品，都是在这之后完成的。并且，据本报记者了解，在很多项目的申请、建造过程中，例如著名的宁波美术馆、杭州中山路保护与更新工程，中国美术学院都给了王澍大力的支持。

中国美术学院象山校区，是迄今为止王澍设计的体型最大的作品，也是能够全面体现他的设计思想的作品。普利兹克奖评委会在评审词里说："中国当今的城市化进程正在引发一场关于建筑应当基于传统还是只应面向未来的讨论。正如所有伟大的建筑一样，王澍的作品能够超越争论"。王澍自己在分析获奖原因时猜测，可能因为评委们发现，这种原本只能设计艺术家工作室、茶室等小型建筑的艺术探索，竟被如此大面积地实现了。

象山位于杭州西郊转塘镇，山并不大，据说这里是钱塘江故道所在。许江告诉记者，寻找到这样一个地方建新校区，他们颇费了一番周折。许江引用上海大学老校长钱伟长的话来批评当前大学校园建筑的"高度功能化"：宏伟的大门，宽阔的大道，花坛紧凑；38级台阶之上，是一座巍峨的图书馆……许江说，千方百计找到象山这个地方，他们就是想重构传统书院色彩的大学，建设一个与众不同的校园。

象山校区的设计、建造过程中，作为"甲方代表"的许江，专门写了三首诗给王澍，其余的都交给了这位年轻的建筑师去尽情创造。王澍说，这些年全国近千所大学建了新校区，没有一个像中国美术学院这样信任一个40岁不到的年轻教师，认同他的设计理念，给予他充分的设计自由。

王澍是通过公开竞争的方式赢得象山校区设计机会的，与他同时入围的还有本校的另外两位教师。"外来的和尚会念经"，一开始很多朋友都劝他千万不要碰，都认为设计本校校园是件得不偿失的事，很难做好。王澍说，中国美术学院是美术家集中的地方，他们看重的是设计的"气息"，所谓意在笔先，对建筑本身反而不太重视。这或许就是王澍最后中标的原因所在。有意思的是，在接受本报记者采访时，许江和王澍都用宋元山水画来描述心中的象山校园。所不同的是，许江用的是范宽的《溪山行旅图》，王澍用的是倪瓒的《容膝斋图》。可以说，在校园设计理念上，甲乙双方互相高度认同。

象山校园所有建筑的设计，王澍都是围绕不大的象山进行，因为"山先在那里"。山北，山势峻峭，所有的建造以四合院为原型，或切一角，或切一边，总有一个切口与青山相对，营造出"悠然见南山"的意境。山南，山势平缓，所有的建筑都隐在荷塘田陌上筑起的"八"字长堤后，或爬屋，或重檐，营造与青山携行的多重视域。建造过程中，王澍更是利用了从华东各省拆房现场收集过来的700万块旧砖弃瓦，运用了民间泥瓦匠人的原生态工艺。王澍说，像象山校园这么大的面积，别的学校可能四五栋建筑就足够了，为了与周围环境相适应，他只好打散了，设计出数十栋建筑。同样的设计费用，工作量却多了好几倍。"没办法，山先在那里，你是改造建筑还是改造山？"王澍笑问。

宁波历史博物馆是王澍单体设计体量最大的作品。博物馆位于宁波新的市中心，周围便是由国内一位著名的建筑师设计的"小曼哈顿"。王澍说，他想做的博物馆，就是要让普通老百姓知道，他们生活的城市曾经是什么样子。据说博物馆刚建时，甲方曾对着王澍怒吼："在这么一个现代化的小曼哈顿市中心，你做一个这么脏、这么旧的小博物馆，你什么意思啊?!"今天,这个样子古怪的博物馆,已成为普利兹克奖获得者的代表作;其外立面的瓦爿墙,借用了宁波地方特有的建筑技艺,这也成为王澍设计的个性化标志。

作为实验建筑师,王澍不仅对当前建筑乱象提出批评,更通过自己的作品提出解决的办法。王澍说,好的建筑师应该有一个长期坚持的思想,并且通过不同的建筑机会来表达。在他唯一的商业设计作品"垂直院宅"(钱江时代)里,王澍为每4户人家设计了一个公共活动区,类似于北方四合院,希望能借此打破城市邻里间的冷漠。在中国美术学院象山校区,王澍设计了各种形状和大小的窗户,走廊走向也稀奇古怪,他希望通过这种设计,让学生们有不一样的生活体验,有所发现、有所体悟。

近几年国内很多城市兴建超大型、超豪华的标志性建筑,包括一些普利兹克奖获得者在中国的作品,王澍在理念上并不认同。王澍说,他至今没有在北京、上海、广州等大城市设计作品,更不会涉足什么标志性建筑。在接受《洛杉矶时报》采访时,王澍说:"希望我的获奖能影响年轻一代的建筑师关注中国本土建筑学,无论大型项目还是小型建筑,都能放慢建设的速度。希望年轻一代的建筑师能够明白,中国的发展不能以拆除历史为代价。"

文人王澍

"在作为一个建筑师前,我首先是一个文人。"这是王澍时常挂在嘴边的话,也是他生活中坚守的信条。

中国古代多的是四体不勤的文人,要么愤世嫉俗躲进自己的小天地,要么曲意逢迎与世俗同流合污。王澍特别欣赏的文人,是清代随园主人袁枚。袁枚35岁辞官后在南京购得一随氏废园,并不大兴土木,也不另赋新名,只是伐恶草、剪虬枝,因树为屋,顺柏成亭,不设围墙,向民众开放。袁枚园居50年,绝意仕进,著作立身,刻意与当时主流社会拉开距离，却树立了文人的另一种生活风范，真正影响了社会。王澍告诉记者，中国文人造园是一种特殊的建筑学活动，人在园在，园子成了有生命的活物，这和今天房子建好后建筑师就掉头不管有着本质的区别。王澍认为，今天的建筑缺少园林的诗意与情趣，根本原因就在于缺少文人与建筑的融合。

当今中国现代化进程中，出现大规模造城运动，这对建筑师来说是难得的机遇，作为文人的王澍却痛心疾首。他甚至认为，全中国的旧建筑都到了要彻底保护的时候，要立即停止拆迁行为。王澍不仅反对所谓的"异地重建"，也反对将老建筑孤零零地设为博物馆。王澍觉得房子和人一样，要活着才有生机，因此他在设计南宋御街时，特意要求保留原住民。在南宋御街陈列馆，王澍特意给民间手工建造留下了一席之地，比如水泥砖墙夯造、木结构桥梁的搭建等。王澍说，这种手工制作方式在欧美已不可能做到，一是造价太高，二是会这种手艺的人越来越少。面对传统与现代、保护与拆迁的冲突，王澍有时也很无奈。王澍指着南宋御街一栋漂亮的老建筑告诉记者："像住在这样房子里的人，早已不是当初的主人，他们对它其实没有什么感情。旧城改造时政府想拆，开发商想拆，住户也想拆，唯一想保护的，也就是我们这些文人。"

许多人都认为王澍运气好，每次都能遇到一个好甲方。中国美术学院也有不少人认为，没有院长许江的支持，就不会有今天的象山校区，也就没有王澍的今天。许江在接受采访时并不否认对王澍的欣赏和钟爱，但他同时认为，象山校区的设计机会给了校内每一位教师，只有王澍作好了准备。记者把这个问题抛给王澍时，他很自信地说，他为这个校区已准备了10年。以前的设计体量都很小，凭什么能驾驭这么大的校园？王澍以古人能画小景也能画出《千里江山图》为喻，给出的是一个文人式的回答："我从来不以大小来衡量我的设计，造房子，就是造一个小世界。"

"他们是做奢侈品的，我是做手工艺的。"和鸟巢、首都机场T3航站楼、中央电视台新大楼等国外建筑大师的作品不同，王澍的作品大多是低造价的。中国美术学院象山校区的造价，大约是国内同类高校的一半、国外高校的十分之一。许多建筑利用了大量废旧的砖瓦，墙面都不抹灰，地面、屋顶等都裸露着水泥，以致许多来此参观的人问学校：你们是不是没有钱了啊？王澍告诉记者，建设节约型校园是一个方面，同时他也想借此表达一种"贫寒的美学"，这也是中国文人的安身立命之本。"无论国家还是个人，都不可能永远有钱。况且，光有钱又怎么样，不就是个暴发户吗？"王澍反问。

有人认为，王澍此次获得普利兹克奖，在某种意义上比获得诺贝尔奖更有意义，因为这标志着世界对中国本土建筑文化的认同。相对来说，文化上的认同比起科学研究上的认可要困难得多。王澍自己倒没有想这么多，但也不否认他的建筑里有普适价值的存在。"在这个浮躁喧嚣的时代，有些安静的事得有人去做。"王澍说。

《中国教育报》2012 年 5 月 25 日

12 谷超豪：在数学的宇宙里写"诗"

本报记者·龚瀛琦

人物介绍

他的一生为数学，"数苑从来思不停，穿云驰车亦有成"，为国家之需要而钻研，为培养青年人而呕心沥血。

他的一生似星辰，虽生命陨落，但宇宙那颗以谷超豪名字命名的小行星，仍无声闪耀。

他的一生如诗篇，即便对古典诗词他谦称"我是一个没有入门的人"，但他为科学事业谱写的华章早已载入这个时代。

> 做学问就像下棋，要有大眼界，只经营一小块地盘，容易失去大局。
>
> ——谷超豪

2012年6月24日，对中国科技界而言，意义非凡。

"神舟九号和天宫一号手控交会对接成功""蛟龙探测器成功下潜到7000米"，举国上下沉浸在"神九"飞天和"蛟龙"入海的喜悦中。

也就是在这一天的凌晨，著名数学家和教育家谷超豪先生，永远地离开了这片他为之奋斗终生的土地。他为我国尖端技术尤其是航天工程的基础性研究作出了重要贡献，为大量前沿科技的应用攻克了数学难题。

两年前，谷超豪因为在微分几何、偏微分方程和数学物理领域的突出成就获得2009年度国家最高科学技术奖。在捧得这个中国科技界最高奖项时，他说："我在数学方面还有一点点能力，我要把这个能力全部贡献给国家，这也是我的乐趣。"

年少立壮志

在一般人看来，数学抽象而高深，但对喜欢数学的人来说则全然是另一番景象——数学是一种文化，是对世间规律的精确刻画与极简表达。

谷超豪从小就对数学情有独钟，那些数字和符号在他眼里美得让人着迷。小学三年级学除法，1除以3除不尽，无限循环，"0.3，'3'上面点一点，非同小可，要想一想才能明白"。他觉得，学数学要有想象力，这一"点"让他从此与数学结下了缘分。

很快，谷超豪便展露出了他在数学方面的过人天赋。有一次老师出了一道题：一个四边形，边长都是1，问面积是不是1。谷超豪的答案和同学们不一样：不一定，因为可以变成菱形，还可以压得很扁，这样面积就是零了。

然而年少的时光并不只有学习那么单纯，谷超豪上小学时正逢国家动荡，礼堂墙上孙中山先生的话"青少年要立志做大事，不可立志做大官"，深深地刻在了年幼谷超豪的脑海里。他当时就立下两个志向：一是学好数学，当一个科学家；二是肩负历史，做一个革命者。这两个目标，从此成为谷超豪"人生历程中相互交叉的两条线"。

1937年，谷超豪进入温州中学读书。除了学习课本上的知识，他努力阅读课外书汲取数学的营养。"记得看了刘薰宇的《数学的园地》，其中有一段讲述了微积分思想，从什么是速度讲起。当时我自以为很懂得速度、加速度等概念，然而读了这本书后才发现，原来真正的速度概念要用微积分才能深入了解，于是对数学愈发地感兴趣了。"而当时侵华日军已开始南下，因此在读书之余，他积极参加学校"五月读书会"等进步组织。1940年3月，不满14岁的中学生谷超豪宣誓加入中国共产党。对这段经厉，谷超豪曾作诗写道："抗敌效微力，报国托童心。"

1943年谷超豪考入浙江大学龙泉分校后，他与进步同学组织了"求是学社"，阅读了大量进步书刊，参与组织了不少学生运动。在学生会选举中，他以最高票数当选为学生会的主要负责人之一。入学两年后，他的家乡沦陷，因为曾经的"地下工作"经历，他只能被困在家中不能出门，但他努力克服困难，继续钻研数学。

正是学生时期的坎坷经历，塑造了谷超豪坚韧不拔的学习态度和匹夫有责的家国情怀。在战乱年代，他边学习边革命，投入抗日救国的历史洪流；到了和平年代，他用知识去创造，国家和社会的需要成为影响他一切选择的决定性因素。

"多变"的学术生涯

法国科学院院士肖盖曾这样形容谷超豪的研究风格："独特、高雅、深入、多变"。如果说前三者是许多杰出科学家的共性，"多变"恐怕是谷超豪学术生涯的一大特点。有人不理解：这不是自找苦吃吗？但谷超豪心里明白，几次重要的"转向"皆因国家和社会的需要。

微分几何、偏微分方程和数学物理是当今核心数学最活跃的三个分支。谷超豪从早期跟随苏步青专攻微分几何，到留苏归国后转向偏微分方程，在超音速绕流、混合型方程组等方面作出了世界领先的成绩，之后又一头扎进数学物理的前沿，与杨振宁就规范场理论的数学结构开展了合作研究。他先后涉足这些领域，并且在这三个方向及其交汇点上获得了国际认可的突破性成果。

1958年，正在莫斯科留学的谷超豪看到苏联的人造卫星上天，内心产生了强烈的震动。于是，谷超豪在苏联便有意识地学习空气动力学方面的课程，而空气动力学不少问题的原理正需要用偏微分方程来计算求证。1959年归国以后，他毅然决定开垦偏微分方程这块国内薄弱的领域，从数学的角度为实际应用领域寻找新的突破口。同时，谷超豪还培养了李大潜、俞文此等学生，对这一类的边值问题作了很重要的推进。15年后，当美国的希弗教授得知这些成果时大为惊奇，因为他刚刚做完了平面机翼超音速绕流解的存在性的数学证明，想不到这个困难的数学问题早就被谷超豪解决了，而且在他学生的手中得到了很大的发展。

在李大潜、俞文此致力于双曲型方程的研究时，谷超豪又转向了对钝头物体超音速绕流的研究。这一问题在数学上难度很大，牵涉到非线性、混合型、不定边界、求整体解的问题，公认的多个难点都集中到了一起，当时被国外同行认为是21世纪的数学问题，已有的数学工具远远不够。谷超豪决定从混合型方程入手，对高维混合型方程的边界问题进行研究，取得了一系列在国际上领先的成果。"文化大革命"开始以后，谷超豪的研究一度被迫停止，但他还是不断寻找机会，在极其艰苦的条件下，最终算出了导弹设计中极有价值的数据。

1974年，诺贝尔奖获得者杨振宁教授来访，开展和复旦大学教师的合作研究。在合作中，谷超豪在"洛仑兹规范"的存在性问题、杨-米尔斯方程的初始值问题等领域获得了多项成果。通过这些研究，谷超豪从物理学中又提炼出了"波映照"问题，引发了一批国际上的后续研究。20世纪80年代后期以来，谷超豪对偏微分方程又一前沿领域——"孤立子与可积系统"发起了进攻，取得了创造性的突破。

对于谷超豪的"转向"，他的学生、中国科学院院士洪家兴打过一个形象的比方："他带着大家探索、开路，而在找到了一条通往金矿之路后，他就把金矿让给跟随他的年轻人继续挖掘，自己则带着另一批年轻人寻找另一个金矿。"

比"转向"更不容易的，是谷超豪每次都能在新的领域中迅速占领制高点。对此，学生李大潜院士回忆道，在刚刚投入偏微分方程研究时，谷先生就体现出过人的战略眼光，提出了五六个方向，"从线性到非线性，从固定边界到自由边界，从单个方程到方程组，从固定类型到变化类型，从局部情况到整体情况等",准确预言了这一领域后来几十年的研究演进路线。

生前最关心的一件事

在数学的道路上,谷超豪从来没有停下攀登的脚步。杨振宁与谷超豪是相识数十年的同行和挚友,杨振宁把谷超豪的研究比喻成"站在高山上往下看,看到了全局",评价谷先生本人"立德、立言、立身三项都做到了"。

75 岁时,谷超豪仍活跃在学术界,一年发表 3 篇论文。80 岁时,他依然每天工作 8 小时,每周至少有两个半天与学生讨论,甚至给一些学生开小灶。他的同事和学生给他过八十大寿,他在许愿时说,"希望自己能再干若干年"。到 2006 年因病住院,他还是没有闲下来,在桌子、茶几上堆满了各类书刊资料,把病房变成了微型图书馆、实验室、研究室,"我的两个'关门弟子',去年就是在这里完成论文答辩的"。

"做学问就像下棋,要有大眼界,只经营一小块地盘,容易失去大局。"谷超豪在自述中这样写道。

"向上,向上,再向上,做一个数学王国里不知疲倦的攀登者",是他一生的追求。而建设一个可以吸引全世界著名数学家、让国内年轻人能及早接受大师熏陶的数学中心,是暮年疾病缠身的谷超豪最关心的一件事。

2010 年 2 月,谷超豪还专门给胡锦涛总书记写了一封信。信中他大力强调基础学科,尤其是数学研究对于国家科技持续发展的重要性,提议建立一个以上海为基地、联动周边地区高校与研究所的"南方数学研究中心"。洪家兴说,在上海数学中心这件事上,谷先生既无个人名利要求,也绝非一时心血来潮,而是源于他对人才培养问题的深思熟虑。

据洪家兴介绍,由于健康原因,从 2011 年 1 月起谷先生已不太能讲话。然而，2012年2月，复旦大学领导和数学学院院长到医院告诉他，上海数学中心获得批准、正式开始筹建时，他却第一次激动地说起话来，只是无人能听懂。"我理解，可能是数学中心在他的脑子里有个蓝图，他想说的是，要怎么建设，希望我们这些后辈人把这件事做好……"洪家兴说。

让洪家兴印象深刻的是，这些年谷先生在审阅某些青年教师的科研论文时，总是觉得不太满意。"他常常为这些事一晚上睡不好，脑子里翻来覆去地想：原因何在？如何改变？"谷先生一直忧虑、感慨于国内优秀生源大多拥挤到金融、管理等热门专业，数学等基础学科少人问津，即使入门的年轻人往往也只把数学系当作"跳板"，每每这时，他总会大声疾呼：数学是各门科学的基础和工具！中国需要数学！

如今，上海数学中心已在复旦大学江湾校区正式揭牌奠基，预计于2013年年底建成，先生的愿望正在成为现实。

对学生有个"三不"原则

在谷超豪扬名学界之后，他的老师苏步青曾不止一次地说："我的学生超过我了。"但苏步青又说："他只有一点没有超过老师，就是没有培养出像谷超豪一样的学生。"而在谷超豪自己看来，苏先生这句话意在鼓励他好好培养学生。

还在当助教时，谷超豪就从前辈钱宝琮老师身上学到了一条——"学生来问问题时，千万不能说这个问题很容易，免得使学生对自己失去信心"。60年来，谷超豪一直谨记照做。他还给自己定出了"三不"原则：不压制年轻人的想法，而要鼓励年轻人敢想敢做；不压制年轻人的发展，鼓励年轻人能够发展自己的研究方向；不挡年轻人的道。

晚年时，谷超豪自感可以向苏先生"交账"了——在本科和研究生受教于谷超豪的学生中，已产生了李大潜、洪家兴、穆穆等9位两院院士和一大批优秀的高级数学人才。

谷超豪很反感现在社会上流行的研究生称呼导师为"老板"的风气，认为师生不是雇佣关系，不能搞"按劳取酬、等价交换"这一套。在指导学生论文时，谷超豪常会提出一些创造性的构想，但除非他个人的研究占科研成果的一半以上，或者做了非常实质性的工作，否则他是决不署名的。他说，老师不能剥夺学生的学术成果"所有权"。

复旦大学副校长陈晓漫曾是数学系的研究生，他至今仍清楚地记得，20世纪80年代初，谷先生晚上在数学系讲授大厅里开设有关规范场理论的讨论班，整整坚持了一个学期，"谷先生把数学物理交叉研究最前沿的信息迅速带到我们年轻学生面前"。

所谓"讨论班"，其实是一种小型的学术研讨会，这是苏步青等前辈们首倡的、推动年轻人进步的授课形式。几十年来，讨论班的学生换了一茬又一茬，但这种传统却薪传火继，成为复旦园一道独特的风景线。谷超豪总是以苏步青为榜样，只要时间、身体允许，必会走进讨论班听年轻人的报告。

"我们最怕的就是谷先生开口提问。"谷超豪的关门弟子谢纳庆说，讨论班上，谷先生有时会将自己读到的科技论文中的一些问题提出，供大家讨论。但有些东西实在太难了，偶尔谢纳庆想忽略或糊弄过去，但只要他一开始"混"，谷超豪就会很快打断他，将他企图蒙混过去的问题重新拎出来，要他详细解答。数学科学学院刘宪高教授也仍然记得他刚进复旦时，谷先生嘱咐他"写文章要一篇比一篇好，科研不要永远停留在同一水平上"。

有人曾问谷超豪，是否认为自己是"严师"，他想了想答道："我是比较严格。"中科院大气物理研究所的穆穆院士不会忘记，当年他即将参加博士论文答辩，谷先生认为他的论文不错，却指出"对大气物理的基础了解不够"，于是让他去大气所再学习半年，对有关模型的机理加深认识后再答辩。复旦大学数学科学学院的陈恕行教授也不会忘记，谷先生曾带着他们过了一个"革命化的春节"——寒假期间，谷先生组织一批上海本地的学生每天到办公室里学习。"谷先生话不多，但是他每天在那里研究，我们也就跟着他去学习。"陈恕行说，"这是身教。"

重理莫轻文

除了对数学的执著喜爱，谷超豪对古典小说和诗词也十分着迷，吟诗作对成了他闲暇时分的业余爱好。他曾说："我其实没有受过正规旧体诗训练，老也掌握不好平仄。数学工作者也是平常的人，诗词是兴之所至、自娱自乐，把碰到的事情用最少的几句话表达出来，便是很大的快慰！"

他曾调侃说："我在中学就学会了用数学的反证法，或许就与我读《三国演义》有关吧。"他常常告诫年轻人，千万不要重理轻文，不要单纯和数字、公式、公理、定理打交道，鼓励读数学的年轻人读一点古典诗词，"文学和写作一方面能够丰富生活，另一方面也有益于数理思维的发展"。

谷超豪还爱看天象，偶尔客串一把"业余台风预报员"。有一年，强台风正向我国东南沿海靠近，天气预报说会在浙江或者福建登陆。当时上海非常紧张，备战台风晚间来袭。中午前后，谷超豪看到朝南的窗口打着雨点，风向正朝东南方向转变，于是认定这个台风已经在浙江登陆，且中心正向西或西北方向移动，上海不会有大问题。事实证明，他的判断完全正确。

2009年8月，国际小行星中心和国际小行星命名委员会将国际编号为171448的小行星命名为"谷超豪星"，作为对谷超豪在科学领域所取得的成就的褒奖。在颁奖现场，谷超豪还兴致勃勃地分享了自己研究天体运动规律的趣事：1970年中国第一颗人造卫星上天时，他根据报纸上公布的资料，判断报上登的卫星经过上海上空的时间不准确，结果印证了谷超豪的判断，让周围人十分惊讶。在他看来，"数学不应只停留在纸头，更要用它来解决实际问题"。

数学结姻缘

谷超豪和同为复旦大学数学科学学院教授的胡和生院士是中国科学家中闻名的一对"院士夫妇"。让两人喜结连理的，是数学——他俩都是苏步青的学生；而这场姻缘的起点，也源于数学——胡和生同学向谷超豪同学请教数学问题。

1950年的一个秋天，谷超豪在数学系图书室遇到女研究生胡和生。胡和生说，苏先生让她读一篇论文，但里面有些地方没弄清楚，找了一些老师问也没问到，所以想让谷超豪帮忙看一下。谷超豪欣然同意，她气喘吁吁地跑回宿舍拿来了论文，给对方留下了良好的"第一印象"：这小姑娘不错，对学问肯钻研。1957年同在复旦执教时，他们结为夫妻。

这对数学家伉俪生活朴素，把有限的时间全部用在了科学研究上。"早在新婚的时候，我就对胡和生说，我们不要在家务上花费太多时间。"谷超豪回忆，当年住在12平方米的简陋房子里，夫妇俩就请了一个钟点工。阿姨是安徽人，非常能干，帮助夫妇俩节省了很多时间。他们也重感情，这阿姨一请就是45年，"后来她退休了有时还来帮忙，她一家三代都是我们的朋友"。

为了节约时间，谷超豪还包揽了给胡和生理发的工作。"我一般不上理发店，通常都是请谷先生帮我剪短一点，稍微修修就可以了。起初先生说不会剪，我说不要怕，我的要求不高。他慢慢地就学会了，并且称赞这办法好，省了不少时间和麻烦。"胡和生说，虽说生活简朴，却并不缺少情趣。

在外人看来，这样终日与数学打交道的生活也许是单调的，而在谷先生看来，这样的夫妻默契千载难逢："她做的事情讲给我听，我能听懂；我做的事情讲给她听,她也知道。"他曾这样打趣自己的婚姻生活:"每逢我做一些不太重要的工作,她就不太关心我;做重要一些的工作,她就会对我重视一些。为了得到重视,我只能做更重要的工作。"

《中国教育报》2012 年 6 月 29 日

13 莫言：站在人的立场写作

本报记者·齐林泉

人物介绍

莫言自1980年代中以一系列乡土作品崛起，充满着"怀乡"以及"怨乡"的复杂情感，被归类为"寻根文学"作家。莫言在他的小说中构造独特的主观感觉世界，天马行空般的叙述，陌生化的处理，塑造神秘超验的对象世界，带有明显的"先锋"色彩。2011年8月，莫言凭借长篇小说《蛙》获第八届茅盾文学奖。2012年10月11日，获得诺贝尔文学奖。

> 世界上的事儿就是这样，无论多么高的山，也有鸟飞过去；无论多么密的网，也有鱼钻过去。
>
> ——莫言

10月11日，在亚欧大陆另一端的中午，北欧斯堪的纳维亚半岛上的瑞典文学院会议厅，瑞典文学院常任秘书彼得·恩隆德一步步走上新闻发布台……

同一时间，在亚欧大陆这一端的黄昏，胶东半岛深处、山东高密的一处普通民居内，作为一名"年轻"的新任外公，作家莫言跟小外孙玩耍后，正在舒舒服服享用着晚餐……

海内外30多家媒体簇拥在这个平时较为僻静的高密小城，莫言无数的亲友已经很多天打不通他的电话。记者、专家、作家，乃至出租车司机、小商小贩，更多与莫言素昧平生的人守候在收音机、电视、电脑、手机等各种媒介前，静候那即将到来的一刻。

当"莫言"二字从恩隆德的唇齿之间轻轻跃然而出,高密大街上响起了清脆的鞭炮声,人群中爆发出一阵阵尖叫。

是的,莫言!第一位获得诺贝尔文学奖的中国籍作家诞生了!

瑞典皇家科学院诺贝尔奖评审委员会给出的理由是,中国作家莫言"用魔幻现实主义融合了民间故事、历史与当代社会"。

接到自己获奖的消息时,莫言正在吃饭,"我有点吃惊"。莫言本人对此表现得并不兴奋,他说,自己要"尽快从热闹喧嚣中解脱出来,该干什么干什么"。对于他的获奖,众说纷纭,他"感谢朋友们对我的肯定,也感谢朋友们对我的批评。在这个过程中,我看到了人心,也看到了我自己"。

高密东北乡的黑孩子

1955年2月17日,莫言出生于山东高密大栏乡平安庄,这里就是他文学世界中的"东北乡"。"我曾对高密东北乡极端热爱,曾经对高密东北乡极端仇恨,长大后努力学习马克思主义,我终于领悟到:高密东北乡无疑是地球上最美丽最丑陋、最超脱最世俗、最圣洁最龌龊、最英雄好汉最王八蛋、最能喝酒最能爱的地方。"

在早期的作品《红高粱》中,莫言曾这样描绘自己的故乡:东北乡位于平原与山峦的交接之地,地势低洼,河道密集,文化底蕴浓厚,不仅产生了自己的戏剧"茂腔",还有名声在外的"高密三绝"——剪纸、泥塑、扑灰年画。高密东北乡处于三县交界之处,可谓穷乡僻壤,在天下大乱的年代,是一个盛产灵异和匪徒的地方,也是塑造高密人英雄血性的地方。这地方埋葬着他的祖先,这地方是他的"血地"。

莫言本名管谟业,莫言祖父是第一个给予他创作重要影响的人。祖父虽然不识字,但聪明灵巧、乐善好施,打得一手好算盘,木匠、药房、田亩丈量，样样精通，还博闻强记，通彻从三皇五帝到明清民国的野史。祖父有自己的信仰和独立的追求行动。据莫言及长兄追忆，祖父对"大跃进"深恶痛绝，大胆预言其不能长久。虽一向勤劳，农活漂亮，但发誓不为合作社干活，自己冒险开荒或干木匠。祖父与精明大胆的奶奶相得益彰，于乡邻中深负威望。母亲是除祖父外第二个给予莫言创作极其重要影响的人，母亲的苦难和宽厚仁爱，让莫言从小领略了世间的温情，滋养了莫言深沉的爱心。

莫言10岁正在读小学四年级的时候，"文化大革命"开始了，他和小伙伴们一起响应号召，停课闹革命两年。1968年小学毕业时，学习很好但中农出身的莫言丧失了上中学的资格。12岁的莫言一下子沉到了社会最底层，成了地地道道的农民。这是莫言最伤感的一段日子，当时他写了许多"少小辍学"哀伤的歌。

一年秋天，莫言在地里干活，又累又饿，忍不住跑到生产队的地里拔了一个胡萝卜吃，被革命干部发现了，他们押解莫言到地头，带他到毛主席画像前请罪。回到家里，一向正直处世、谨慎做人的莫家不能容忍孩子的丢脸，母亲父亲轮番打，最后爷爷出面保护，莫言才幸免一死。在小说《透明的红萝卜》中从不开口说话，最后被剥得精光、丧失了羞耻感的孤儿黑孩，在《枯河》中因误伤村长的女儿而屈死在父母拳脚下的小虎，都有莫言在这一事件中的影子。

1973年夏天，在供销社棉油厂工作的叔叔，给莫言在厂里找了一个临时工的差事，当过磅员。这在城里人看来不起眼儿的职位，对一个农村小子来说，无疑是几辈子修来的好运。他开始拿起笔，尝试创作小说；他收获了爱情，跟姑娘杜芹兰从此携手；他收获了友情，和王玉清、张世家成为三结义好兄弟，三人都有文采，嘴巴功夫也都了得。后来莫言当兵后每次回乡，总是要找这两位好友神侃，他们都是爱抽烟、爱喝酒、吹牛不上税的主儿，常常云山雾罩、通宵达旦。莫言的《红高粱》就是听了张世家绘声绘色地讲了一个故事，又是在张世家的怂恿下写成的。还有其他那些说着高密方言的伙计、乡亲，都是聊起来让莫言开心的人。

油棉厂的临时工作并不能摆脱当一辈子农民的命运，对于失去了上学机会的他，当兵则是唯一的出路。直到1976年，莫言如愿以偿地当上了兵。1978年9月，因表现出色，部队调莫言到河北保定。秋天的山沟是美丽的，狼牙山五壮士纪念塔与营地遥遥相望，莫言却是苦恼的。面临复员重回农村的压力，他不得不在工作之余，拼命地写小说，但收到的却是雪片般飞回来的退稿信。走投无路的他写信给一直鼓励他的大哥说："我该怎么办？怎么生活下去？请大哥给我设计一条路吧！"北方的冬天分外寒冷，山中的黑夜始终有一盏常常亮到天明的灯。

1979年夏天，莫言回乡，与在油棉厂认识的姑娘杜芹兰结婚。1981年春，莫言在文学期刊《莲池》上发表了他的第一篇小说《春夜雨霏霏》。金秋十月，他的女儿出生，取名笑笑。欢笑第一次和莫言的生活紧密相连。1981年，成为青年莫言一个黄金的开始。一年后莫言终于等来了部队提干的消息，从此脱离在农村一生的命运。

20世纪80年代是莫言叱咤风云的岁月，《透明的红萝卜》《红高粱》等相继横空出世，用莫言的话说"恨不得将文坛炸平"，中国文坛的确因莫言刮起了一股红色旋风。二十几岁的青年作家莫言，被誉为中国现代派作家中的"奇才""怪才"。他狂过，"二十九省数我狂，栽罢萝卜种高粱。下笔千言倚马待，离题万里又何妨"。他很喜欢这样随心所欲的自由状态："不摹古碑不临帖，左右开弓涂且抹。随心所欲真快哉，逍遥法外我是爷。"但莫言始终狂而不傲，不管是大批判的风波，还是掌声四起，他都能表现出一种淡定。他的血脉里流淌着管氏家族滚烫的血，保持着一颗宽厚仁慈的心。他清楚自己的短处和欠缺，他知道自己该补什么课，他知道"我是谁"。

从那时起，他把自己所有作品中最终塑造的人物化身归结为《透明的红萝卜》中那个"没有姓名的黑孩子"。对此，他这样解释：我们哪一个人还保持着一颗未被污染过的赤子之心呢？我们可以将当今的社会、将形形色色的邪恶势力,看成是偷换人间美丽婴儿的妖精,但社会不又是由许多被偷换过的孩子构成的吗?

他借好友——获得1994年诺贝尔文学奖的日本作家大江健三郎先生的小说和随笔中提到的两件事情,给予了回答。一件事情是,大江健三郎在童年时,担心自己因病夭折,他的母亲说:"放心,你就是死了,妈妈还会把你再生一次……我会把你出生以来看过的、听过的、读过的还有你做过的事情,一股脑儿地讲给他听,而且新的你也会讲你现在说的话,所以两个小孩是完全一样的。"另外一件是,在大江健三郎的故事中有个把妹妹丢失了的小姑娘,用号角吹奏动听的音乐,一直不停地吹奏下去,把那些偷换人间的美丽婴儿的妖精吹晕在地,显示出那个真正的婴儿。莫言认为,"讲述和吹奏"是两种把自己置换回来成为赤子,从而能使千千万万被偷换了的孩子变回赤子的办法。

奔流不息的创作之河

对于自己为什么能获得诺贝尔奖,莫言说:"我的作品是中国文学,也是世界文学的一部分,我的文学表现了中国人民的生活,表现了中国独特的文化和风情。同时,我的小说也描写了广泛意义上的人,一直是站在人的角度上,一直是写人。我想这样的作品就超越了地区、种族、族群的局限。"

从20世纪80年代,莫言的创作按自己的话说"像拉肚子"似的,多产且高产。即使进入新世纪,步入中年的莫言也是基本按照两年出版一部长篇的节奏进行创作。在他的心里,那些细细碎碎、蜂拥而至的民间故事,凭借岁月的积淀与冲刷,奔涌向前。

回顾莫言的创作历程,10年前在山东大学与他联合招生的贺立华教授认为,莫言创作主体意识经历了三度跃迁。三度跃迁的代表作分别是《红高粱》《檀香刑》和《蛙》。

《红高粱》写作时期，莫言天马行空般的自由，完全是一种无意识的自发状态，他笔下生风，呼唤人性，张扬英雄，从"文化大革命"压抑里走出来的青年莫言，内心里充满了无所不能、横扫一切的豪情。在歌唱"爷爷奶奶"英雄气的时候，作家自己居高临下，心里也是十分的英雄。

迈进新世纪的门槛，45岁的莫言创作的《檀香刑》，是一部以平民姿态在大地行走、边走边唱的作品。此时他已成为成熟老到的作家。曾被誉为"先锋派作家"的莫言，公开宣称：我要"撤退了"，"《檀香刑》是我的创作过程中一次有意识的大踏步撤退"。他要撤退到民间，他要把庙堂雅言、用眼睛阅读的小说拉回到小说原本的母体模样，还原成用俗语俚曲说唱式的、大庭广众用耳朵听的艺术。他改变了《红高粱》时期居高临下的姿态，有意识地降低了身段。他给山东大学研究生讲课时说过这样一个观点，那就是"我就是农民，就是老百姓，我的写作就是作为老百姓的写作"；《檀香刑》发表后不久，他在南京大学讲学时再次称"我是作为老百姓写作，而不是常说的为老百姓写作"。从"为老百姓写作"到"作为老百姓写作"，虽然只是一字之差，却是莫言写作立场的变化、心境的变化。

《蛙》是莫言天命之年后的作品。这部小说是一次灵魂深处的革命，正如莫言所说，"是把自己当罪人来写"。从"作为老百姓写作"到"把自己当罪人来写"，这是一次大的跨步。这是莫言创作30年来第一次发出这样的声音，宗教般的忏悔意识也是第一次出现在莫言作品中。尽管在这之前，莫言也说过自己写人物的原则是"把好人当坏人写，把坏人当好人写"，可以说那只是一种写作技巧和手法而已，但这一次就不仅仅是技巧和手法问题了。莫言在《蛙》中借给杉谷写信的剧作家蝌蚪之口这样说："20多年前，我曾经大言不惭地说过：我是为自己写作。为赎罪而写作当然可以算作为自己写作，但还不够；我想，我还应该为那些被我伤害过的人写作，并且，也为那些伤害过我的人写作。我感激他们，因为我每受一次伤害，就会想到那些被我伤害过的人。"莫言开始对人类生存困境更深度地思考。

当然，对于莫言的创作，海内外文学评论家冠以现实主义、浪漫主义、新感觉主义、魔幻现实主义、新历史主义等各种各样的标签，莫言认为，这些标签是"装你没商量"，而更多像杜特莱这样的评论家认为：莫言只有一个。

在 2006 年秋第十七届亚洲文化大奖福冈市民论坛演讲中，莫言回顾他的文学历程，给出了我们解读他作品的一把钥匙，那就是莫言 5 岁的时候，正处于中国历史上一段艰难的岁月。生活留给他最初的记忆是母亲坐在一棵白花盛开的梨树下，用一根洗衣用的紫红色的棒槌，在一块白色的石头上，捶打野菜的情景。绿色的汁液流到地上，溅到母亲的胸前，空气中弥漫着野菜汁液苦涩的气味。那棒槌敲打野菜发出的声音，沉闷而潮湿，让小莫言的心一阵阵地紧缩。这是一个有声音、有颜色、有气味的画面，是莫言人生记忆的起点，也是他文学道路的起点。这个记忆的画面中更让他难以忘却的是，愁容满面的母亲，在辛苦地劳作时，嘴里竟然哼唱着一支小曲。那时候也正是莫言家最艰难的时刻，父亲被人诬陷，家里存粮无多，母亲旧病复发，无钱医治。懂事的莫言总是担心母亲走上自寻短见的绝路。而母亲对他因此哭泣而非常不满，她认为一个人尤其是男人不应该随便哭泣。她对莫言说："孩子，放心吧，阎王爷不叫，我是不会去的！"话音不高，但母亲对她忧心忡忡的儿子作出的庄严承诺，从此使莫言获得了一种安全感和对于未来的希望。这句话里所包含着的面对苦难挣扎着活下去的勇气，将永远伴随着他，激励着他。

设帐收徒做少年君子之师

2000 年，莫言的女儿笑笑考入山东大学外语学院，山大邀请他担任兼职教授。从 2002 年起，山大又聘请他与贺立华教授联合培养现当代文学研究与文学创作研究生。这是他招收的首批弟子。

首度为人师表的他没有任何报酬，心中感慨万千。他说："童年时因为

'文化大革命',小学未毕业就辍学回乡务农,那时对上学的热望,一点不亚于高玉宝。后来兴起了'工农兵大学生',我的大学梦也做得很猖狂。山东大学是我心中一座高不可及的圣殿,'文化大革命'期间我在农村劳动时,就知道山大很多事情,因为我的邻居有一个被错划为右派的大学生,听他谈山大的事情,是我的一大乐趣。几十年后,我竟然也成为山东大学的兼职教授,虽然自觉有愧,但心中还是很激动。我感到当教授要比当作家难,作家写不出好作品臭的是自己,而做教授做不好会误人子弟。"

然而,他认定作家从封闭的书斋走出来,走进校园,设帐收徒,对作家和对学生都是好事情。他说,一个作家要想使自己的作品保持锐气,必须不断地从外界汲取新鲜的东西,作家进入校园,对作家的写作会产生积极的影响。从学生的角度看,学生如果直接地和作家打交道,也会获得许多从传统意义上的高校老师那里得不到的东西。

在山大的第一次师生会面,一向自信而平静的莫言抱着紧张和矛盾的心态。一方面,莫言说:"早就盼着见面这一天了。"之前师生虽未曾谋面,但通过电话和电子信箱,已经多次交流。另一方面,莫言又说:"到大学当教授是我一个错误的选择,作为一个小说家,在纸上滔滔不绝地写还行,要真带研究生、设帐收徒,必须拿出一套系统的理论才行,这对我来说非常非常困难。我觉得一个小说家理论太多,会扼杀他的创作。"自从犹豫再三领取兼职教授聘书后,当教授似乎成了他的一块心病。"误人子弟"成了他的口头禅。但在他的这种诚惶诚恐中,确实认认真真地同贺立华仔细切磋商讨讲课的事,坚辞其他重要事宜参加研究生复试。

无论当着校长还是学生的面,莫言都很坦诚地说:"他们跟着我注定学不到任何东西。"不过莫言的补偿办法,可能令每个学生眼红:"如果没有办法的话,我就经常请他们吃火锅,让他们精神上得不到的用食物来滋养吧,要不每年给他们1000元的助学金,否则我不敢当这教授。幸好有贺老师,有什么问题我解答不了,你们可以找贺老师,实在不行我可以把问题拿到北京去,请出北大、清华的老师来解答。"

之后他多次来往北京、济南授课，都很认真，虽不带讲稿，然口若悬河，层次井然，很受学生欢迎。所讲内容被研究生记录发表在《文史哲》上，所得稿酬，分文不取，嘱咐交给研究生买书用。作为弟子，记者毕业分配到北京后，老师每当周末包水饺的时候，都要给我打电话，约到他平安里的家里坐坐。在我们都还没结婚的时候，莫言就欣然应邀为我们未来的孩子起好了名字。现在在大众日报供职的学生兰传斌曾经跟莫言说，其实很不愿借你的名为自己脸上贴金，莫言听罢却哈哈大笑：如果我的名对你还有用，就随便你用。他的坦诚，让几个为人弟子者感到一种近乎亲情的师生之谊。

莫言在 10 年内，先后在山东大学、青岛科技大学、中国艺术研究院等做专职、兼职或客座教授。了解莫言的学生与朋友都知道，看似人高马大、不苟言笑的莫言，实际上感情细腻。女儿评价他"很坚强，很温柔"。除了亲友，莫言对那些帮助过他的人，常怀感恩之心，哪怕是微不足道，也总是记挂在心。有一次，他与高密老友去青州仰天山，途经一山村，临街一户，门前柿树三株，绿叶落尽，枝头红柿累累，满树辉煌。他们下车拍照，并忍不住嘴馋摘了两颗吃。这户人家的主妇带着一对双胞胎小孩出来看，他们要付钱，被主妇笑着拒绝了。回来后，他写了一副对联——"门前万棵红柿，家中一对娇儿"，托青州的友人转交那个大嫂，以回报她送的两个柿子。对此，像半个世纪前在小学文艺宣传队时那样，他还写了一首打油诗："嘴馋偷柿子，心中很歉疚。大嫂笑着说，只管吃个够。"越是来自普通人的友善和情谊，莫言越是珍惜，越是难以忘怀。

《中国教育报》2012 年 10 月 13 日

14 李述汤：跨越十亿分之一米的传奇

本报记者·缪志聪

人物介绍

他曾做出全世界最好的纳米硅线。半生游历后，这位亚洲纳米领域的领军人物，回到内地，带起一支冲向国际前沿的"梦之队"。

中国人要在中国的土地上做出令中国人骄傲的事情来。

——李述汤

独墅湖边好读书。在古城苏州之南，有一湾独墅湖，无云的天空映着深邃的幽蓝，远处的灯光好似浮在水面，湖畔是林立的大学校园与各式研究院。沿湖跨进苏州大学独墅湖校区的大门，静静的校园深处，有一栋灰白相间的小楼人来人往，据说这里一天最多有十多批来访者。里面就是亚洲纳米科技的领军人物之一，曾被称为香港纳米材料第一人的李述汤院士。游子思报国，如今他又在苏州开始延续半个世纪的传奇。

冬日暖暖的午后，记者敲开了李述汤办公室的大门，素服儒雅的李述汤正埋首工作。游欧访美1/4个世纪的李述汤，面色红润、风度翩翩。离港之后，这是他第一次接受媒体专访，一时间感慨颇多。

忆起这么多年的奋斗与激情，李述汤言笑之间有着梦想的斑斓。"我已经65岁了,我现在不会因为什么改变自己的风格。"在科学界,"将门虎子"的李述汤向以坦诚、率真、人缘好著称。

纳米,约等于十亿分之一米;跨越这个距离,将进入一个新世界。应该说,没有李述汤,就没有香港纳米物理的最高成就,当年"最细纳米硅线"的纪录就是他创造的,那曾经是香港人的骄傲,引领了一座现代城的纳米热潮。如今,苏州这座千年古城的纳米热也因他升温不少。

贫民街走出的大科学家

据身边的人说,李述汤总是在工作,即使今年65岁了,也像年轻人一样不知疲倦。

这跟小时候的经历有关。李述汤说,几十年过去了,一直都忘不了自己的"出处",忘不了曾经受过的苦。他的成才之路的曲折正像他自己说的这段话:"因为欠缺,所以拼命奋斗,誓不低头。那种'fighting spirit'——拼搏精神,是我成长的要素。"

李述汤长大的地方叫调景岭,是当时香港非常特殊的一个地方,鱼龙混杂,交织着贫困与慌乱。该地区位于香港九龙东鲤鱼门湾外,曾经是一个三面环水的荒山,这里除了通往筲箕湾的水路交通以及山上一条崎岖狭窄的小路通往观塘外,几乎是与世隔绝的。1950年,香港政府把这里变成了有国民党背景的难民徙置区,区内聚集了一大批战败后逃出内地的国民党军人,区内平时也是遍插青天白日旗。香港政府允许他们开山建房,无限期居留,实行自我管理。后来港府在山顶上建了一个警署,远远地监视区内有没有杀人放火,其他活动都不予管束。

就在这样一个环境中,李述汤艰难求学。他的父亲曾是国民党中将,李述汤极小的时候就随父亲"撤退"到了香港,辗转反复,最后在调景岭定居。退出内地时,家里还带有几根金条,但随着母亲病逝,且黄埔军校毕业的高才生父亲却不会广东话,难以谋生,家道逐渐衰落不堪,穷困潦倒。年幼的李述汤也开始了偷甘蔗、偷鱼、与蛇共眠的悲惨生活。

据李述汤回忆："岭上公共设施匮乏，初入住时，还没有自来水。辅助社是几栋平房连成的，百多名来自困难家庭或父母双亡的孩童在这里一同生活，一同念书。"

即便这样，李述汤的童年还是充满了奋斗与梦想的色彩，这得益于父亲。父亲常诫勉自己，要好好读书，"十年窗下无人问，一朝成名天下知"。在冰冷的冬天，四处漏风滴雨的破木板屋里，李述汤争取一切机会读书，"下雨的时候，那个房子要找一个地方不漏水可是不容易啊！"李述汤对此记忆犹新。从小学开始，他年年在班上排名第一，最终考取了香港中文大学。1969年他大学毕业，考取奖学金到美国进修，从硕士到博士，学成之后在美国定居工作，成家生子。

在美国期间，李述汤每年还会寄一张圣诞卡给调景岭学生辅助社。后来回到香港，他还经常带着儿子到屏山老房子和调景岭的旧址看看，陪仍在那里读书的孩子们吃饭，给他们讲讲课。生活在这片安置区里的很多人，走不出旧时代的框架，融入不了新的生活，终其一生也都没有再走出调景岭。但李述汤却抓住罕有的机会，挣扎着走出了调景岭，并在香港创出了举世瞩目的科学成就，而那段日子就开始的奋斗精神也伴随他至今，成为他生命的一部分。

世界游子的内地情结

王穗东早在2000年就跟着李述汤在香港城市大学读博士。当时，香港与内地签订协议，每年选派最优秀的学生去香港深造，王穗东是浙大公派到李述汤那里的第一人，李述汤非常器重。王穗东毕业后，经李述汤推荐，赴日本名古屋大学工作。

2008年，接到李述汤的一个电话，王穗东马上就从日本赶回了内地。"要找就找好的学生回来，一起为祖国做点事。"王穗东告诉记者，老师有着很深的内地情结，不仅是最早接纳、培养内地学生的香港教授之一，也是香港联系内地最早的科学家之一。

作为材料科学与技术领域的国际著名科学家，他曾获美国专利20余项，论文他引次数在世界材料科学领域排名居前列，但他最魂牵梦萦的却是幼童时期待过的内地。"我是一个标标准准的游子，北美洲、欧洲、香港、内地，都待过。"李述汤常常笑称自己也不知道自己是哪里人，生在内地，长在香港，定居在美国，成名在香港，晚年重回内地，一生漂泊，但记忆深处的"根"，一直在内地秀丽的山水间。当李述汤一有机会来内地工作，马上就回湖南邵东又看了看故乡，他还记得，是在2010年3月17日。

"为中国人做事，发挥自己的力量；一定要回报祖国，只要能做的就做。"回顾大半生，说起选择道路的问题，李述汤总以此回答。他现在功成名就，却到苏州三次创业，拉起一支在国内快速崛起的年轻团队，可以说全在于内地情结。李述汤告诉记者，他的内地情结来自三个方面：第一，他是湖南人，"同根同源"；第二，他普通话比一般香港人好，"有共同的语言"；第三，他在美国求学、工作时，最好的朋友大多是中国人，"有共同的理想与追求"。

"在外国生活了1/4个世纪，能做的，可以说都做了；可是我却一直难以忘怀当年出国的初衷是为了要回国，要为国家做事。"1994年底，李述汤挥别美国，加盟香港城市大学物理及材料科学系。他坦言，那时的想法就是利用香港和内地双方的优势，强强相配，互补互利，才有发展。

10月刚到香港的李述汤，马上就写了两个计划书，向上司要差旅费，开始跑北京、长春、沈阳、上海，希望与内地"亲密接触"。"那个冬天，国内很冷，冷得要命，全世界就感觉解放军的棉大衣最好。"他强调说，他与内地的交流，从1994年就开始了，而非等到1997年香港回归以后。

香港回归前夕，出现"移民潮"，别人都是往外跑，而李述汤恰恰相反，偏偏更加勤快地往内地跑。从东北、北京到上海、湖南等地，他到处招兵买马，寻求合作，将内地的人才优势与香港的资金及研究条件结合起来。

而李述汤的真情与真诚，也使得很多内地学者愿意与他合作。在香港城市大学的超金刚石及先进薄膜研究中心里，来自内地的学者占了极大的比重，现任苏州大学功能纳米与软物质研究院副院长的廖良生等重量级盟友都是从那时候结下的。他当时带的学生也是香港和内地各占一半，他经常鼓励香港学生要"北望神州"，两地学生要打成一片，起到互补互利的作用。

自2001年起，李述汤兼任中国科学院理化技术研究所"纳米有机光电子实验室"主任。2002年，又获科技部高新技术发展及产业化司委任，成为国家"十五"期间"863计划"新材料领域——"高清晰度平板显示技术"重大专项总体专家组成员。这样，他往内地跑得更多了。

而这些都为他后来到苏州埋下了伏笔。王穗东开玩笑说，在香港的时候就知道老师迟早要落叶归根。李述汤也坦承：搞科研最重要的三个条件是，人才、仪器和研究经费。这几年中国内地不少地方发展很快，现在与香港差别已不大了，香港有的仪器也向内地借用，加上内地的人才优势，"相比较没有工业的香港，内地是科研成果产业化的上好选择，这也是我现在到苏州大学来的原因"。

纳米的传奇

在股票跟房地产火起来之前，大家谈论最多的是一种叫"纳米"的东西。纳米，是长度的度量单位，原称毫微米，就是十亿分之一米，相当于4倍原子大小，比单个细菌的长度还要小。

20世纪初，无数的科技精英投身其中，跨越十亿分之一米的距离，改变了世界。在亚洲，李述汤走在了最前沿。"不是吹牛，我做的纳米硅线是全世界最好的。"率真的李述汤说，2003年，他向世界宣布，他们研制出全球直径最小的纳米硅线，直径只有1纳米（头发的五万分之一）。

在这个科技研究最尖端、最有前景的领域里，纳米线属于最热门、竞争最激烈的研究领域。谁也想不到，在这个领域出类拔萃的，是香港城市大学，因为李述汤在那里。

1994年，他在香港城市大学设立了超级金刚石实验室。该实验室于1998年改名为超金刚石及先进薄膜研究中心，是香港高校6个最大规模的研究中心之一，此后逐渐成为亚洲纳米硅线研究的金字塔塔尖。

"我知道，硅是好东西，碳能做，硅肯定也能啊。这么多人做碳（纳米管），我不能做，硅是第二多材料，我们为什么不从硅下手，看能不能有奇异的用处？"2012年12月7日的午后，时隔18年之后，李述汤说当时自己并不知道会不会做出成果，但全世界的科学家一窝蜂地做碳纳米管，"我只能另辟蹊径，作研究有时候更需要勇气"。

2003年3月21日，全球自然科学界最权威的刊物《科学》的封面照片是3根漂亮的纳米硅线。全球最细的纳米硅线第一次如此清晰地展现在世人眼前，研究成果刊登在《科学》杂志，意味着获得了全球纳米研究界的肯定。这表明了该项研究在世界上的影响力。李述汤证明了自己的眼光，此后他还在2003年和2005年两次获得国家科学技术进步二等奖。

更值得一提的是，他还用新的方法，利用很便宜的一氧化硅通过加热就能够产生大量的硅纳米线，便宜、经济、方法简单，直接开启了硅纳米线工业应用的大门。由于硅是目前应用领域最广泛的材料，是当今信息时代的基石，做出当时全世界最细的硅线并且能够量产，意味着能够做集成度更高的芯片，产生巨大效益。

以独特的低温处理方法，李述汤还能在实验室里制造金刚石，其品质与真品毫无二致。用此法将类金刚石薄膜涂在手表、眼镜、磁头或光碟上，都将给人意想不到的惊喜。这在世界上也处于领先水平，他也因这些成就先后获得香港研究资助局和创新及科技基金6000余万港元的研究资助。

"在香港能申请到的科研经费，我全都拿到手了。"李述汤告诉记者，超金刚石与先进薄膜中心是当时香港唯一受惠于"863 计划"的机构，而现在他的功能纳米与软物质研究院每年获批的政府科研经费也在苏大的总获批额中占了相当大的比重。

到苏州来"收菜"

"少说话，多做事。"在苏州大学，李述汤是出了名的务实，在他的纳米科技学院里，没有一个人能凭关系进来，"哪怕一个助理实验员都要经过集体面试、考核，任何人来了就要做事、做实事"。

李述汤常说："中国人要在中国的土地上做出令中国人骄傲的事情来。"所以，2008 年，当苏大党委书记王卓君与校长朱秀林"三顾茅庐"般地去香港拜会他，并且主动地把实验室组建方案摊在桌上的时候，李述汤决定回来大展拳脚："苏州的大环境很适合我，苏州园区是纳米产业的高地，而苏州的发展需要依靠苏大。"

因此，他并没有像一般的国际知名学者那样，搞个兼职教授，一年回来三两个月甚至几周。他一下召来了自己最信赖的弟子和朋友，全职加盟苏州大学。这顿时让苏大喜出望外，朱秀林更是笑得合不拢嘴，常跟人说，苏大的人才引进在全国范围内都算是创造了一个不大不小的"奇迹"。

为了能更好地干事情，他还坐下来跟苏大谈，希望在"无时间限制、无指标规定、无框架局限"的"三无"状态下，组建自己理想中的研究机构——一个真正干事的研究院。"现在国内喜欢考核、搞指标，为了出成果而出成果，这不行。"李述汤说，作为一个科学家，名气固然重要，但同行更看你发表的文献，看你的"硬实力"。

李述汤给记者打了一个比方，说自己是"收菜"来了，以前都是种菜，而现在是收菜，并且通过做菜，反过来看菜的性能，"做得好不好，把菜摆上桌，大家尝一尝就知道了"。他还强调，要摆在国际的大餐桌上，

"把苏州大学带向国际舞台,让同事们知道什么是国际前沿,怎么做才是国际前沿"。

现在他带着团队将目光锁定在怎样"做菜"上,除了最初的纳米材料之外,还更多地转向了有机光电器件等5年至10年有望产业化的项目,"比如300×300毫米的照明面板,下一代的柔性显示器就会是它,还有纳米材料在生物医学方面的应用,等等"。

我的团长我的团

苏州大学功能纳米与软物质研究院上下数层,上百名研究人员忙忙碌碌。但一听到记者想了解李述汤,很多人都丢开手上的事,过来讲述与李述汤交往的点点滴滴。

"他最核心的地方,就是给予我们信心往前走,又有能力给予我们资源做事情。"何耀是李述汤的学生,2006年跟着李述汤做博士后,当时特别想去美国的名校,但因为对李述汤发自内心的信赖,又跟来了苏州。他说,老师这么有影响力,又特别亲切,而且他告诉你的事情某一天都能实现,"原来指点我的几个看似不可能的方向最后都做成了,因此特别有信心"。

硅是不能溶于水的,当时就普遍认为不能做生物应用。而何耀的项目是利用硅去做肿瘤成像,起初他自己觉得难度很大,非常犹豫,因为方向一错,可能穷尽数十年也一事无成。但李述汤给了他很大的信心,说:"这个是很难,但因为很难,我们才去做。"几年下来,何耀的团队在国际上率先系统科学地将硅纳米结构用于生物成像和疾病治疗,并取得初步成果,通过化学方法实现了硅纳米结构的水溶性,并将其用于疾病治疗。

除了自己培养的学生外,他还有一群廖良生这般极为杰出的盟友。1998年初,廖良生作为访问学者加盟李述汤的团队,自此与李述汤紧密合作至今。其带领的团队在有机照明的材料研究方面,有着历史性突破,不仅全国领先，在世界上也有一席之地。而这样的核心盟友，李述汤还有 20 多位。

他坦陈，现在主要工作除了定大题目的方向，就是挑人、培养人，而且挑得很细，连敲定一个助理研究员都亲自过问。"我喜欢亲力亲为，也最为欣赏实打实做事的人。"他说，在他的纳米天地里，吹牛皮的人往往生存不下去。

心无私欲则刚，人无邪念则正。与周围的人十几年相处，李述汤往往直来直往。他容易交朋友，喜欢帮人，但也会因为直言无形中让人下不来台。"凭良心做事，我来苏州做事是为了满足自己的意愿，同时也帮人家忙。"李述汤说，就是这样坦诚相待，他才能团结到一大批愿意一起干事业的人，"我为我们院里每个成员争取，目前拿了 1.7 个亿的科研资金，中间只有我一个 42 万元的自然科学基金的小题目"。

而论及自己对团队的贡献，李述汤很谦恭，他说自己是"带他们看到一个高处，而不是带他们做具体事"。但事实上，李述汤是极其杰出的布局者，他几乎参与每一个研究计划的讨论，任何设备的采购、实验商定都亲自参与，每次学术会议都到场点评，几乎每一个成果都凝聚了他的心血。李述汤很细致，有时候甚至连实验区洗手间的纸能不能及时配备都会关心，他还会经常提醒做实验的学生要及时关门，"因为开着门，会让空调多费电"。

团队成员中，有人感慨："我常常跟他工作一天，凌晨 2 点多收到他的邮件，第二天早上 6 点又是一封，等上班了还能看到他，这么多年我也没弄明白李院士什么时间在睡觉。"

李述汤说，美国的教授一般都是独立做学问，虽然中国学者多在美国接受学术训练，如果中国学者也是单打独斗，则很难与美国学者竞争。因为美国吸收的是世界上最好的人才，美国教授所使用的仪器是最好的，研究经费也很充裕，我们必须发挥团队力量，产生共振效应，才可能在竞争中取胜。"所以我在苏大拉起来一支团队，我要带他们去国际上竞争，做到国际一流！"

李述汤"帅"在哪里

一个优秀的科学家是什么样的?

苏州大学功能纳米与软物质研究院里忙忙碌碌的研究人员有近百个,这个研究院主要有功能纳米材料和软物质、分功能纳米材料与器件、有机光电材料与器件、纳米生物医学技术、分子模拟与药物五大研究方向。若细说起来,包含的内容实在太多。因此,几乎每个实验室都有埋头实干的硕士生、博士生、教授。

如果让李述汤亲自去作这些研究,结果会怎样?李述汤现在主要做些什么呢?一位教授想了想,告诉记者,"我们的方向是他定的,他还负责跟苏大谈政策、跟外面谈项目"。

时代不一样了,新技术革命以来,科学研究越来越复杂、精密,一个伟大的科学家再也难以穷尽科学的一个门类,甚至其中一个小小的分支。吃苦耐劳、埋首实验,发现一种新元素轰动世界,这种"居里夫人式"的成功,出现的机会不多了。

英雄时代落幕,团队时代来临。仅靠小实验室、带几个学生去做,在现在的科学界已经很难成气候,非但做不了大项目,遑论能够推广应用科研成果。现在一个成功的科学家,往往第一是高瞻远瞩,看到学科发展的方向,第二是本身的学术能力很高,第三是有敢于拼搏、不服输、敢于奋进的"气"。简而言之,最为关键的是领头者能够审好题,发挥所有人的力量,成功调配周围的资源。

在采访中,记者的这种感受颇深。李述汤每次开会都会写好纸条,每件事都能用关键词来说,寥寥几句,切中要害。他熟悉每个研究方向,言别人不敢言,气魄万千,高瞻远瞩,别人说项目很难,他说难得好。他人缘绝佳,众人信服,在学术领域有很多真心交往、坦诚相待的朋友,甚至连走在街面上,也能交到一些好朋友。

这就是"帅才",运筹帷幄,决胜千里之外,是现代大科学家最可贵、难得又必需的品质之一。采访时,所有人都觉得李述汤是一个性情中人,讲公事的时候,非常认真严谨;私下里,又很随和,更像朋友一样,打打网球、打打扑克,完全没有大教授的架子。

"守诚者实,为公者益"。现代研究院里的"老大"就应该像一盏照明灯,为自己的团队营造一个优良的发展环境,找出一条适合的、前沿的发展道路,而自己还要雷厉风行、严谨敬业、爱生如子、洁身自好,关键时候还要公平、让贤、推优、指路,这就是"帅品"。

李述汤就是这样,他什么都懂,什么都不争,眼光很高,姿态却很低,还喜欢帮人,特别是年轻人,帮得也很到位,"我不一定要全部做到最好,但我要让跟着我的人做到最好"。这让人很难不喜欢他,也很难不与之同奋斗。我们的科学需要李述汤,更需要他的风度与"帅"才。

《中国教育报》2013 年 1 月 11 日

15 林家翘：追寻科学极致之美

本报记者·高毅哲

人物介绍

挥舞着应用数学的"魔棒"，他横跨流体力学、天体物理学、理论生物学三大领域，永远追求着"第一等的题目"。

自然界的事物基本上都很简单，所有的基础原理及主要问题都可以用数学方式表达。这是应用数学家的一个信仰。

——林家翘

2013年1月13日凌晨4时50分，97岁的林家翘停止了呼吸。

巨星陨落，学界震恸。

在所有介绍林家翘的文字里，人们都能看到这样的表述：他在流体力学、天体物理学领域取得了巨大的成就。他在86岁高龄，主导建立清华大学周培源应用数学研究中心，并亲自选定将理论生物学中的"蛋白质折叠"作为研究领域。

绝大多数人都会觉得奇怪：林家翘的研究生涯，怎么能横跨流体力学、天体物理学、理论生物学三大领域？隔行如隔山，林家翘到底拥有怎样的能力，可以在不同的学科之间纵横驰骋？

周培源应用数学研究中心副研究员洪柳是林家翘回国后

带的直博生。他说:"老师最重要的头衔是应用数学大师。可以说,是应用数学串起了他的学术生涯,让他在不同的学科游刃自如。"

要创作出自己心中的艺术品,作家离不开手中的笔,雕塑家离不开手中的刀,而林家翘,离不开应用数学。因为有了应用数学,他眼中的世界变得和别人不一样。

天地玄黄,宇宙洪荒。在林家翘眼里,这无限时间无限空间里的无限万物,从巨大的星系,到躁动的细胞,再到飘忽不定的粒子,都可以用数学符号表达出它们的基本规律。林家翘的使命,就是要用简洁、优雅的数学语言,描绘出宇宙万物的运行原理。

哪怕为此穷尽一生,哪怕只能迈出一小步,也要追寻这极致的科学之美。

因为,这是他的信仰。

捕风捉水

1933年,林家翘以第一名的成绩,考入清华大学,并在大二时选择了物理系。1940年,经物理系教授周培源引荐,林家翘来到加拿大多伦多大学,师从著名应用数学家辛吉(John Lighton Synge),学习数学物理。1941年,林家翘拿到硕士学位后,来到美国加州理工学院攻读博士学位。

这一次,他的导师是冯·卡门。

当代科学史上的传奇人物冯·卡门,是航空航天领域的一位奇才,在流体力学上有极高的造诣。同时,冯·卡门也是一位应用数学的实践者和倡导者,一生未婚的他,毕生都在那些光凭经验无法澄清的混沌领域里寻求数学解答。

林家翘投入冯·卡门门下不久,导师就为他指定了博士论文题目。那是物理学巨擘海森堡一篇关于湍流的论文留下的"尾巴"。

湍流就是乱流,是流体(水、空气等)的一种流动状态。在经典物理中，给定一个物体的运动参数，你可以清楚地知道它将在何时出现在何地。科学家们一直试图在湍流的混乱和互相扰动中建立精确的数学模型，使湍流的世界犹如高速路上汽车的运动一样清晰明了、简洁有序。

海森堡的论文，即是对湍流运动中的 Orr-Sommerfeld 方程的求解，但是他却有一步没有算出来——没有解决平行流的不稳定性问题。这导致他的论算一直存在争议。

冯·卡门给林家翘的，就是这样一个题目：彻底解决海森堡遗留的问题，结束争议！

湍流之难，犹如捕风捉水，直到今天，湍流仍然是经典物理学"最后的疑团"。物理大师索末菲曾说："我只指望在我去世前，能有人告诉我量子力学的秘密。"学生们问他："那湍流呢？"索末菲回答："那只有到天堂去问圣彼得（耶稣十二门徒之一）了。"对只有二十五六岁的林家翘来说，这是巨大的挑战。

要想比巨人看得更远，唯一的选择就是超越巨人。林家翘接受了这个挑战。到1944年，林家翘博士毕业时，已经完成了3篇论文，彻底解决了海森堡遗留的问题。海森堡兴奋异常，他说："不是有人批评我的论文吗？现在一个中国人给我解决了！"

大师自己无法解决的问题，一个小伙子却解决了！林家翘自此响彻学林，他不再是一个无名小卒，而是科学界无人不知的 C. C. Lin（林家翘的英文名字是 Chia-Chiao Lin）。

然而，对林家翘来说，这次研究最大的收获，不是获得了赫赫声名，而是深刻感受到了他在清华读书时就接受的熏陶，"永远追求第一等的题目"。"作科学研究，就一定要在最前沿的领域找题目，只有这样，才能获得最有意义的突破。"林家翘说。

这一理念，林家翘坚守终生。1965年，林家翘和清华校友、历史学家何炳棣相聚。林家翘对他说："咱们又有几年没见啦，要紧的是不管搞哪一行，千万不要做第二等的题目。"

回到清华创办应用数学研究中心以后，林家翘亲自为中心确立了研究方向：理论生物学中的蛋白质折叠。周围的人都倍感惊讶，林家翘却告诉大家，如同20世纪的物理学革命推动了人类社会大发展一样，"21世纪是生物学的世纪，所以我最近这几年的努力，都是在这个方向"。

当然，他也没忘了把自己最宝贵的经验告诉年轻的清华学子。在给他们做讲演的时候，林家翘说："作科研始终要关注那些热点的前沿问题，你们要'赶时髦'啊！"

年轻的学生们笑了，然后，掌声一片。

追星撩尘

"除了逻辑本身，世上不会再有比数学更对的东西。因为数学就是逻辑最严格的表述。"洪柳说。

这是数学家的自信。科学界也公认，依靠严密的逻辑推理所进行的数学证明，一经证明就永远正确。

正因如此，在数学家眼里，物理学、化学、生物学、天文学等自然科学都是经验科学。应用数学的任务，就是利用数学，帮助经验科学建立最严密的逻辑结构。

说起来容易，但是要真的建立起严密的数学模型，使之在任何条件下都与实际观测相符，又谈何容易？

20世纪60年代，林家翘就面临着这样的挑战。

那时，林家翘正在全力研究天体物理学界的"缠卷疑难"问题。每个旋涡星系都有旋臂。传统上，人们一直认为旋臂是星系的物质组成部分，里面的天体是固定不变的。但如果是这样，由于旋涡星系内部的自转角速度大于外部的角速度，旋臂应当越缠越紧，最终将使星系中的所有天体如同纺锤上的线一样，完全"缠绕"在一起。而实际上，这个现象并不存在，这就是"缠卷疑难"。天文学界数十年来无法为其提供合理的解释。

林家翘则认为，旋臂不是物质而是密度波。经过艰苦的计算，他建立了螺旋密度波理论。按照该理论，旋臂是恒星、尘埃等天体绕星系中心运动时空间分布较密集的区域，两个旋臂之间较暗的部分，则只有较少的天体。组成旋臂的天体并非始终处于旋臂中，而是有进有出。换句话说，人们看到的旋臂，是密布其中的恒星发出的光，而非星系长出的"肢体"。

密度波理论模型搭起来了，但是到底对不对，还要靠实际来验证。台湾天文学家袁旗当时是林家翘的学生，跟着林家翘搞观测。老师的大家风范给袁旗留下了深刻的印象。

有一次，袁旗算出了一个数值，然而将这个数值代入理论模型后，银河系的猎户臂始终无法与理论模型吻合。如果不能合理解释这个问题，就意味着模型是错的。林家翘大胆提出，猎户臂不是银河系的主旋臂，而是一个枝节，因此不完全适用于模型。如今，这一论断已被天文学界广泛接受。对此，袁旗始终"不知道他怎样能得出这样一个大胆的结论"。

密度波理论正式公布后，立刻震动国际天文学界。大量的观测支持了林家翘的理论。曾有人对密度波提出反对意见，林家翘立刻用相关概念反驳，并和几个学生一起建立了相关概念的完整理论模型，使密度波成了颠扑不破的理论。这令袁旗感慨："他的成功绝非偶然。在温文尔雅的外貌下，他是如此强韧，如此有竞争力！"

从1940年到1970年，30年间，林家翘连续攻克两大科学难关。如果说湍流研究是捕风捉水，那么建立密度波理论就是追星撩尘。在人类探寻自然奥秘的征程中，林家翘一鸣惊人、再鸣惊天，奠定了自己在科学史上的地位。

凭借这两项研究成果，林家翘成为公认的应用数学大师。1962年，林家翘当选美国国家科学院院士；1972年，林家翘当选美国工业和应用数学学会主席；1975年，为表彰林家翘对应用数学和力学的巨大贡献，美国机械工程学会为他颁发了国际力学界的最高成就奖——铁木辛哥奖。

然而，与密度波理论创建过程中的一项发现相比，这些荣誉，就变得无足轻重。

因为这项发现，关系着林家翘以及所有科学家毕生追求的一个梦。

一个终极之梦。

终极之梦

在密度波理论的创建过程中，林家翘发现，密度波与湍流存在某种规律相似性。这意味着，长达几万、十几万光年的旋臂，可能与地球上随处可见的水、空气有着相同的运动规律。

既然如此，在这千变万化的物质世界里，有没有一种理论，包含着"造物主"所有的奥秘，描述着自然界一切现象的最本质规律？

找到自然界不同现象背后的大一统规律——这就是所有科学家们的终极之梦。

怀着这样的梦想，林家翘在科学的道路上砥砺前行。他曾说：物理学所有的定理都可以用数学公式在一张纸上表示出来。人类的智慧坚持用简单的概念阐明科学的基本问题，所有的科学问题在本质上都是简单而有序的。

当他回归清华后，在为数不多的几次媒体采访中，他很简单地表示，21世纪是生物学的世纪，如果可以取得成果，将有力推动清华大学应用数学的研究。

研究中心副研究员孙卫涛起初也这样理解。但是在和林家翘几次深谈之后，孙卫涛发现，这背后，有着更深层次的科学原因。

原来，林家翘已经洞悉了蛋白质结构折叠问题背后自然规律的端倪。他认为，能量在蛋白质不同尺度之间传递分布的规律，与湍流的某种规律有异曲同工之妙。"从湍流理论到密度波理论，林先生已经成功实现了一次不同领域间相同数学规律的探寻。经历了近70年的科学探索，凭借深厚的学术功底和卓越的科学眼光，他又一次信心十足地选定了最具科学前景的方向。"孙卫涛说。

林家翘依然做着他的终极之梦。

他以耄耋高龄，再次激扬于科学潮头。林家翘先后阅读了蛋白质折叠的几本名著。他在书中的每一章节都做了详细的标注，几年下来，书里贴满了大大小小、层层叠叠的便签。这成就了他引以为豪的一个绝活：不用翻书，就能准确指出某一结论出自哪本书的哪一章节哪一段落。这一点，让研究中心里的年轻人都自愧不如。

也是在这段时间，他发现国内的"应用数学"与真正的应用数学有很大的偏差。这让他忧心如焚。曾有一些数学教授来拜访，结果林家翘因为国内数学学科的混乱，冲着他们说了一堆难听话，搞得别人再也不敢前来。

在他眼里，应用数学的薄弱"对整个科学的发展非常不利，非常不利"。他在回国两年后，才第一次接受电视媒体的专访，原因无它，正是因为他觉得不得不站出来说话。

他不厌其烦地向人们阐述着"应用数学"和"纯数学"的区别，讲着"应用数学"和"实用数学"的区别："导弹上天、火箭发射需要的计算，是实用数学。而应用数学是要主动提出研究对象中的科学问题，通过问题的解决加深对研究对象的认识。"

他不能不为此担忧。周培源应用数学研究中心刚成立之时，没招来几个学生：大家一看挂着"应用数学"的招牌，以为只是帮助其他学科搞计算，全躲开了。

而跟他熟识的人，正潜移默化地受着他的感染。中国科学院院士李大潜是国内的应用数学专家，每次到北京必来拜访林家翘，深受林家翘影响。孙卫涛曾大量阅读林家翘的论文。在林家翘严谨的数学推导和缜密的理论分析下，一个个自然难题迎刃而解，令孙卫涛不禁想起了庄子笔下的"庖丁"。

生生不息

再伟大的科学家，都只能洞悉自然规律，却无法抗拒它。

林家翘老了。

尽管他不服老，尽管他曾为了表达人们为他安排保姆的抗议，拿椅子把卧室的门顶住，以至于人们不得不搬来他的侄子把门锁撬开，他还是无可避免地老去了。

老去的标志之一是怀旧。回归清华后，林家翘坚持用周培源的名字命名研究中心——那是影响他一生的恩师；他在自己的书房内挂着冯·卡门的肖像——是他，把自己带到最前沿的科学领域，让他从此纵横驰骋。

他亲自为研究中心选址。他选中的地方，是清华大学"科学馆"。这幢建于1919年的三层小楼，是著名的清华早期四大建筑之一。当年，林家翘就是在这幢楼里，和同学们、老师们一起度过了自己的清华岁月。

天气好的时候，他会坐着轮椅，让人推着他在清华园里四处转转。图书馆、大礼堂，这些老建筑记载着林家翘的青春岁月。他在这里，第一次喝到咖啡、红茶，第一次吃到冰激凌，他还记得食堂松软的玉米面馒头，还记得深秋时图书馆台阶旁的大盆菊花。20世纪30年代，尽管华北已听得到日寇侵略的炮声，但小小的清华园，却是林家翘心中的世外桃源。

他会给本科生们作讲座，他告诉这些年轻人："研究自然科学是没有终点的，可以作为一生的目标及一生的事业。"他每周四都要来研究中心主持课题讨论，即便刮风下雨，即便秘书劝他让学生们到家里去，他依然坚持前来，因为他不想耽误学生一点时间——尽管他的家就在学校，离中心并不远。

2012年10月26日，他在家中跌倒，随后被送入北京协和医院。那是他和清华的告别。2013年1月13日凌晨，他与世长辞。

林家翘的伯父林旭，曾与谭嗣同等人参与戊戌变法，是著名的戊戌六君子之一；人们耳熟能详的华裔诺贝尔奖获得者杨振宁、李政道，数学大师丘成桐、陈省身，是他的好友；与林家翘同拜冯·卡门为师的，还有钱学森、钱伟长、郭永怀，他们并称冯氏的四大中国弟子。冯·卡门曾对郭永怀的夫人李佩私下说，他的学生中，郭永怀最用功，林家翘最聪明。

尽管如此，对大多数人来说，他的名字依然陌生。

其实，知不知道他的名字，以及他的那些研究成果，对你的生活来讲，意义真的不大。

现代科技带给你的便利，跟他似乎没有太大关系。只是，当突然有一天，你的双眼从手机和电脑里玩不完的游戏、处理不完的工作上离开，开始注视你熟悉又陌生的大自然，你会看到世界向你打开一扇窗，窗外是人类自产生智慧以来，就不断思考的问题：宇宙到底是什么样子？星空有什么奥秘？生命是如何诞生的？……

是的，它无关你现世的生活。它只是人类怀有的对宇宙万物天然的好奇心。那是在宇宙的空间里，唯一已知的智慧生命——我们，发出的渺小但是坚定的呼喊：我们是谁？我们从哪里来？我们要到哪里去？

这是那扇窗带给我们最美丽的景色，这是我们永恒的探索。如果是这样，请你记住林家翘的名字。这个名字和所有那些伟大人物的名字一样，曾经带领我们，在穷究宇宙终极之理的道路上，迈出了小小的、坚实的一步。

在林家翘去世后，远在美国的丘成桐，用特快专递的形式，寄来自己请人书写的挽联。挽联上书："用数如神，究星河之形，通水波之变，宏业堪为后世则；竭诚谋国，传西哲学风，荫中华学子，水木长留国士魂。"

他的灵堂设置在科学馆的小会议室里。旁边的墙上，贴着长长一列唁电。发来唁电的，既有国家最高领导人，也有科学界的诸位同行。年轻的学子们则自发制作了照片墙，贴上千纸鹤和心形的卡片，写满了对林家翘的悼念。他在美国工作过40年的麻省理工学院，也特意制作网页，表达对他的哀思。

1月14日，北京下了一场小雪。那天下午，清华大学物理系教授龙桂鲁带领自己的6名研究生来到灵堂，恭恭敬敬地向林家翘的遗像三鞠躬。

研究生们并没有和林家翘打过交道。他们只是知道，自己曾有一位师兄，做过一些了不起的事。

吊唁完毕后，在龙桂鲁的带领下，6名学生排成一队，穿过科学馆狭长的走廊离开。

那条走廊，周培源走过，叶企孙走过，钱伟长走过，郭永怀走过，陈芳允走过，王大珩走过，年轻的林家翘走过，坐着轮椅的林家翘，也走过。

如果真的存在量子物理所说的"平行宇宙"，也许，在那个时空里，林家翘正坐着轮椅停靠在旁边，微笑着看着这些年轻人擦身而过。

在探索自然奥秘的道路上，前辈们筚路蓝缕。如今，轮到他们，沿着前辈开辟的道路，继续前行。

这就是生生不息。

《中国教育报》2013年1月18日

16 黄大年：给地球做透视的"科研疯子"

本报记者·刘博智

人物介绍

他，在英国18年，是国际知名战略科学家；他，曾经住在剑桥大学旁边的花园别墅里，妻子还经营着两家诊所；他，2009年放弃英国的一切，作为国家特聘专家回到祖国；他，选择了母校吉林大学做全职教授；他，负责"深部探测关键仪器装备研制与实验项目"及相关领域科研攻关，国家财政投入数亿元人民币；他，没日没夜地工作，办公室深夜明亮的灯光被称为吉林大学地质宫"不灭的灯火"……

为了理想，我愿做先行者、牺牲者。我已经50多岁了，生命也就这么几年了，能做出点儿事情，让后来人有一条更好走的路。

——黄大年

吉林大学，地质宫。

实验室里，2016级博士生高秀鹤不自觉地直起身子，往常，导师黄大年常常提醒她，要注意坐姿。

黄大年带的第一批博士生、"大弟子"马国庆比以前更忙了，晚睡早起，整天泡在实验室里，他要把导师未完成的工作做下去。

吉林大学人才办副主任徐昊一直在忙着为新兴交叉学部招贤纳才，这是黄大年始终的牵挂。

……

黄大年走了，又似乎未曾离开大家。

2017年1月8日，海归战略科学家黄大年猝然离世，终年58岁。

他是给地球做CT的人，是享誉世界的地球物理学家。他的科研可以上天、入地、潜海。他让中国地球物理勘探正式进入了"深地时代"。

"轻轻的我走了，正如我轻轻的来"。黄大年生前最喜欢徐志摩的《再别康桥》，他挥手作别，留下一襟晚照，和那短暂又璀璨的一生。

少年天问

"娃出去见了世面，吃了好东西，总惦记着给母亲捎回来。"

地下千尺，黑褐色的煤层下埋藏着什么？这是黄大年少年时代的"天问"。

带上行囊，随父母钻进卡车，从一个矿区驶向另外一个矿区，这种情景在黄大年的童年不断重复着。在地矿系统长大的黄大年，从小跟着父母在矿区流动"居无定所"，矿区像他另一个家。从那时起，"勘探"如同宿命般，同他，也同他脚下这片土地纠缠在了一起。

黄大年额头有一条明显的伤疤，那是物探在他身上留下的第一个痕迹。高中毕业后，单位子弟大多直接在系统内参加工作，黄大年也不例外地被分在广西第六地质队，做了物探操作员。"那时的工作充满风险，伤是在采集关键数据时留下的。"黄大年曾对人说。

山路，对于身为物探队员的他早已如同平地。1977年高考前一天，他整整徒步一天，走向了广西容县杨梅公社中学，走进改变命运的考场，也踏上了一段传奇之旅。

放榜时，他以超出录取分80分的成绩考入长春地质学院（现吉林大学朝阳校区），毕业后留校任教。"大年老师当年的成绩是可以上清华北大的，但他依然选择了地球物理。"马国庆说。

"农林水地矿油,当时是最艰苦的专业。"吉林大学副校长韩晓峰回忆说。

"同学们,你们知道什么是地质勘探吗?"开学时,老师问台下学生,学生们都摇头。

老师教他们唱了一首歌:"是那山谷的风,吹动我们的红旗。是那狂暴的雨,洗刷我们的帐篷。我们有火焰般的热情,战胜了一切疲劳和寒冷。背起我们的行装,攀上层层的山峰。我们满怀无限的希望,为祖国寻找出丰富的矿藏。"

"唱起这首歌,便知是地质人。"这首"勘探队员之歌"如同暗号,串联起那个时代地质人的共同梦想。

野外,尖利如刀的疾风,挟着沙石,磨糙皮肤,那是个苦差事。以铁轨声、驼铃声为伴奏,青年黄大年唱起这首歌时,浑厚歌声从胸腔发出,响彻荒原,一股力量在心中升腾,驱散疲劳。

"为国家找矿",于黄大年是一种使命。他总是比其他人更刻苦、更努力,无形的鞭子在鞭策他。

黄大年的焦虑感并非无来由,他太知道地质勘探对于一个国家有多重要。

回国后,有一次记者问黄大年,中国的深地探测与西方发达国家有多大的差距。

"我们是'小米加步枪',人家是'导弹部队'。"黄大年语气中带着忧虑,就这些"步枪",还是进口来的。

"老同学,再会,我一定把国外先进的技术带回来!"1992年,他获得留学基金资助,赴英国利兹大学地球科学系攻读博士学位,临别前夕,黄大年重重地拍着同窗好友林君的肩膀说。

博士毕业后,他来到英国剑桥ARKeX航空地球物理公司领衔的海洋和航空快速移动平台高精度地球重力和磁力场探测技术团队,这是一支囊括外国院士等人才的高配团队。这项高效探测技术可以应用于海陆大面积油气和矿产资源勘探民用领域，多数产品已应用于中西方多家石油公司。他被誉为世界航空地球物理顶级科学家，成为这个领域的探路者和引领者。

科学家深奥繁复的工作和民众之间天然蠹着一堵墙，只有一些简化的比喻才能代为转译。

"黄大年的工作就是给地球做CT，透视地球，军用、民用都有大用场。"黄大年的助手、吉林大学移动平台探测技术研发中心教授于平说，比如地震、海啸等地质灾害的发生，都有深层次机理，必须向地球深部进军，了解地球深部地质构造。

实际上，这种技术在军事领域的意义更加重大。正因如此，这项技术涉及的重要装备在国际贸易中被列为"非卖品"。而彼时航空地球物理科学研究在中国还几乎是一张白纸，直到黄大年归来。

和钱学森回国时"惊心动魄"的围追堵截相比，黄大年的归国也充满了传奇，国外媒体写道——"他的回国，让某国当年的航母演习整个舰队后退100海里"。

"娃出去见了世面，吃了好东西，总惦记着给母亲捎回来。"在如今已是吉林大学仪器科学与电气工程学院院长的林君看来，黄大年的回国只是一次朴素又久违的回家。

很多初闻黄大年事迹的人很难理解他的选择。彼时，他在英国住着花园别墅，待遇优渥，事业有成，一家人的生活舒适安逸。隔着关山万千重，他却坚持要"回家"。

2009年底，黄大年终于达成心愿，与吉林大学正式签下全职教授合同，担任吉林大学地球探测科学与技术学院教授。当时国内的媒体习惯用"毅然回国"来形容他的回国。黄大年反对这样的说法："我是这片土地哺育出来的炎黄之子，能够越洋求学获得他山之石仅是偶然，回归故里才是必然，而非毅然。"

"5年前我们是跟跑，经过我们的努力，到了今年，进入并跑阶段，部分达到领跑。"2016年，接受新华社记者采访时，他给自己回国6年的答卷打了一个分数。

不过，在很多了解他的同行看来，这个分数有点"过于谦逊"。

短短几年，黄大年带领400多名科学家创造了多项"中国第一"，为我国"巡天探地潜海"填补了多项技术空白。以他所负责的第九项目"深部探测关键仪器装备研制与实验"的结题为标志，中国"深部探测技术与实验研究"项目5年的成绩超过了过去50年，深部探测能力已达到国际一流水平，局部处于国际领先地位……

赤子其心

"中国需要黄大年们，黄大年们更需要中国。"

一天中，有那么一会儿，黄大年什么话都没有。

他双手惬意地撑在三角形的吧台上，手中马克杯里有四分之一的红酒，傍晚暖煦的夕阳穿过满是公式的背板，洒在这间名为"茶思屋"的房间里。旁边低鸣的处理器不舍昼夜地处理着电磁重震的数据。

这是黄大年一天中最轻松的时刻，学生们或坐或站，在这间房里自由探讨，讨论最多的是"舵向"，比如如何对接国家需求，黄大年眯着眼认真听着，激动时会在白板上写写画画。

这里原是一间茶水室，后来被黄大年专门改造成学生的"造梦空间"。"茶思屋"这个名字，是黄大年起的，提醒大家"慢下来，想一想"，所思之物，是他们所有研究的起点和归宿。

每当科研进入困境，黄大年在办公室和"茶思屋"间来回踱步时，他会想起这座地质宫的诞生：在筹备长春地质学院建校工作时，政务院财经委员会矿产地质勘探局副局长喻德渊向北京的李四光致函，询问他的意见。李四光立即回信，勉励喻德渊"今天人民要你做什么你就做什么"。

人民的需要，国家的需要，就是黄大年研究的起点和归宿。谈到这些,林君在空中比画出一个点,然后一圈一圈画出一个靶子:"国家需要什么,黄大年就研究什么,从这个原点出发去确定课题,然后再去组织团队,分派任务……"

有趣的是,现实生活中,黄大年却不爱用"大词"。"下午喜欢小酌一杯""爱侍花弄草""KTV 里的麦霸",学生口中拼凑出的黄大年可爱、直率,甚至有点儿"孩子气"。这跟人们想象中荣誉等身的学术大家相去甚远。

"来,我带你们做一次免费的足疗。"有时候,黄大年会把学生从实验室叫出来,带头脱掉鞋,在操场上健步如飞,将学生甩到身后。学生周文月至今还记得,那天傍晚脱掉鞋,光脚在操场上奔走时冰凉硌脚的感觉,那是紧张科研中难得的放松。

一次徒步游,路过游乐场,黄大年看到学生想玩又不好意思开口,就带着学生玩遍了所有项目。黄大年的学生、吉林大学 2017 级博士研究生乔中坤至今还记得,那天在游乐场里,黄大年"开心得像个孩子"。

在科学的迷雾旷野,谁都是摸黑前行,赤子般的纯真就显得尤为可贵,孩童般大开的脑洞,有时却成了仄巷中的转机。黄大年举着这柄"火把",点亮了地质宫,照亮了黑黢黢的"深地"。

"咱们学校有学者参加南极科考,能不能研制全地形车,完成在极寒、沟壑、全时段极限条件下的通讯、交流和作业?"

"'云端远程控制'技术发展很快,能不能开发野外作业医疗看护车?这个目前在国内还是空白啊!"

"还没有任何一个国家能够在南极内陆地区钻取冰下基岩岩心,能不能在海洋资源与安全领域跟建设工程学院、环境与资源学院联合做些事情?"

……

他的"孩子气"有时让人"难以理解"。

航空重力项目涉及经费 1 亿多元,作为首席科学家的黄大年,却没有得到一分钱经费，但他丝毫不介意。深地关键仪器装备项目经费4亿多元，他没有把眼光仅仅盯在吉林大学，放眼全国寻找适合的科研单位时，他主动给这些科研单位打电话，说要给他们经费，一起从事研究，当时甚至有人以为遇到骗子。有自认为和他关系不错的专家找来，想替某研究机构"拉点儿经费"，他却以一句"我没有对手，也没有朋友，只有国家利益"回绝。

他不懂"规则"。在公开学术场合的第一次亮相差点搞砸，在那天的评审会上，他的演讲足足超时了一个小时，台下的专家视为挑衅。

杨振宁的好友库兰特夫妇在回忆杨振宁时说，在他们认识的科学家中，杨振宁是极少能与孩子平等交往、"有孩子般天真个性"的人。

这仿佛是存在于大科学家身上的特质。黄大年也不例外，即使日程排得再紧，他也会抽出时间给中学生作科普讲座，"用孩子们听得懂的话，把自己的工作讲给孩子们听"。黄大年的讲座似乎有一种魔力。"一场报告下来，很多孩子听得血脉贲张，抱定了大学要念地球物理的决心。"吉林大学地球探测科学与技术学院党委书记黄忠民回忆说。

黄大年要把少年时的"天问"传递给这些稚嫩的大脑，开蒙启智，更重要的是，他知道这些人就是未来中国科学崛起的脊梁。

乔中坤跟黄大年第一次见面，就被他这样"蛊惑"了。2010年乔中坤本科入学，在新生入学讲座上，那一节的专业指导课主讲嘉宾正是黄大年。

"你们知道什么是航空物探？"

"航空物探就是坐在机场，一边喝咖啡，一边干活，等咖啡喝完了，活也干完了。"乔中坤第一次发现，"原来航空物探这么酷"。从此，他跟如此"炫酷"的地球物理和如此"炫酷"的黄大年结缘。

同样被"蛊惑"的，还有吉林大学计算机科学与技术学院特聘教授崔军红。她还记得，后来所有故事的发端，都源于2010年那场历时5个小时的深谈。

同样是吉大人,同样旅居国外 18 年,同样功成名就。在未见黄大年之前,崔军红就对这个师哥有惺惺相惜的感觉。一次偶尔的学术交流,让当时还是美国康涅狄格大学教授的她再次踏上故土,回到母校。

"中国水下国门洞开",黄大年语气中的忧虑让她难忘,跟黄大年从事的深地探测一样,崔军红从事的水下通讯在国内也面临着高端设备依赖进口的处境。

"回来吧,吉林大学要上天入海,母校需要你,祖国更需要你。"黄大年的语气中有种让人难以抗拒的魔力。闭门 5 小时的深谈后,崔军红走出地质宫,天擦黑,却心绪澄明,她打定主意回国。

后来她才知道,黄大年在下一盘很大的棋,"他要打造一个学术特区"。2016 年,回国仅仅半年多,黄大年就统筹各方力量,打造了一个辐射地学部、医学部、物理学院、汽车学院、机械学院、计算机学院、国际政治系等非行政化科研特区。

"大年的这个战略设想涉及卫星通讯、汽车设计、大数据交流、机器人研发等领域的科研,可在传统学科基础上衍生出的新方向,有望带动上千亿元的产业项目。"现任吉林大学交叉学部副部长的马芳武说。

而支撑起这个特区的,是一批像黄大年一样的归国专家,王献昌、马芳武、崔军红……

"试问有谁不爱国!"崔军红说。黄大年那没有任何杂质和计算的拳拳赤子心点燃了他们内心的冲动。"没有'海漂'经历的人,很难理解我们这些'海归'内心的急迫。"

"中国需要黄大年们,黄大年们更需要中国。"

在吉林大学移动平台探测技术研发中心,吉林大学地球探测科学与技术学院教授殷长春,腰上缠着治疗腰肌劳损的护腰,那是长年劳累的后遗症;当记者推开林君办公室的门,发现他在座位上握着笔睡着了……

在之后的采访中,不断涌现的细节一遍又一遍确认着,黄大年并非"孤勇",这里有一群跟他一样的"疯子"。

"有一帮人在拼命,不是我一个人,一帮人全是这种心态,一帮'疯子',我们在一块儿可热闹了。"黄大年曾这样说。

归去来兮

"那个赶时间的人怎么突然闲下来了?"

那盏盈盈的灯还亮着。

时针拢向24点,又是深夜。司机刘国秋焦躁地按着喇叭催促。灯光终于熄灭,咚咚咚,沉重脚步声由远及近。再过几秒钟,一个壮硕的身躯,拖着皮箱从楼里走出来,一脸抱歉:"刘师傅,辛苦啦!"

在最初的几次碰面里,司机烦透了这个黄老师。

"这客人我不拉了,您另请高明吧!"他跟黄大年的秘书王郁涵抱怨着。因为经常出差,学校想给黄大年找一个专车司机,但拉了两次,刘师傅就准备撂挑子,"哪有这样的,每次都是最晚的航班,回到家都两三点了"。

每次都要在高速路上演"生死时速",每次都是在飞机关闭安检闸机前一刻赶到,每次刘师傅的手机里都会收到一条"已经登机,刘师傅,谢谢"的短信。

渐渐地,刘国秋也好奇,这个黄老师到底在赶什么呢?

是啊,黄大年这般追星逐日,到底是跟谁赛跑?

7年间,他每年平均出差130多天,最多的一年出差160多天,几乎每次出差的日程都被安排得满满的。"最晚的班机"已经成了惯例,他总是在最后一刻合上电脑,下楼上车,等飞机平稳,再次打开电脑……

科学竞争只有第一,没有第二。不管你付出多少努力,都有可能在这场争分夺秒的竞赛中被其他人领先一个身位,顶尖科学家都有这种不安全感,黄大年也不例外,他对时间的支配简直是"吝啬小气"。

"真的没时间。"每次让黄大年填写荣誉材料,黄忠民都会被这句话堵回来,"大年参加学术会议或讲座,能准备十几页材料,但要让他填报荣誉材料,半页纸都找不到"。

黄大年办公室最右侧的柜子里,挂衣服的横栏上挂满了花花绿绿各种会议的胸牌,下面就是被褥。遇上科研攻关,累了他就在沙发上眯一会儿。

"肯定又是经过了几个不眠之夜的奋战。"这样的黄老师,王郁涵再熟悉不过了。

没人知道,黄大年把24小时掰成多少块。

一拨拨记者进入黄大年生前的办公室、实验室,跟他并肩战斗的同事和学生谈话,试图拼凑出一张黄大年回国7年的年谱,可这张年谱始终没能形成一个完整的闭环,它总是被分岔的线头引向千头万绪。当我们凝视着黄大年办公室里足以覆盖整个墙面的2016年日程表时才发现,在许多时间点,他同时做着其他几件事。

时间长了,刘国秋的厌烦逐渐变成了自豪——"隐约感觉他是个干大事的人"。他们成了朋友,就算是午夜在高速路上驰奔,他也觉得与有荣焉。有一天,黄大年问他,"能不能帮我开一辆卡车",刘国秋的这种荣誉感达到顶峰。

"不许用手机捏照片(照相)。"开卡车前,黄大年告诫刘国秋。直到很久之后刘国秋才知道,那台卡车装载的是固定翼无人机航磁探测系统工程样机和"国家使命"。他所不知道的是,无数次晚上开车赶飞机、接飞机,那个"干大事的人"正在创造历史,正在填补国内无人机大面积探测的技术空白。

这样一个争分夺秒的人,有时对时间却是"挥金如土":看到别的高校申报的课题是国家未来发展战略急需的,黄大年会放下工作,帮助人家策划项目、申请资金。

"应该在这里安装一个叫号器。"黄大年的办公室宽敞简单,一张大办公桌上并排摆放着两台显示器,两张办公椅并列在办公桌前。"来找黄老师的人，大多是为求教科学问题，或者商谈技术解决方案。黄老师会让客人跟他坐在一起，这样便于在电脑前沟通。"王郁涵总是不忍带他们去见黄老师，她知道，每每这时，黄大年会放下手头的工作，一谈就是两三个小时。

最慷慨的，是对自己的学生。

在黄大年的笔记本电脑里，给每个学生都建了学习笔记和读书报告文件夹，在开会休息时他通过邮件批阅。每次出差午休时间，他会通过视频通话，给学生解答问题。乔中坤记得，无数次黄大年拖着行李和疲惫身体出差回来，第一站总是实验室，检查学生的学习情况。

"进的青涩出的才。"这是国家交给他的另外一项使命。"我是在为国家培养人才，马虎不得。"黄大年常说。

2016年6月28日，北京青龙桥，中国地质科学院地球深部探测中心，黄大年作为首席科学家主持的"地球深部探测关键仪器装备项目"通过了评审验收。专家组一致认为，项目总体达到国际领先水平！

这表明，作为精确探测地球深处的高端技术装备，航空移动平台探测技术装备项目用5年时间，走完了西方发达国家20多年的路程。

在场的评审专家无不对项目、对黄大年交口称赞。可谁也不知道，他刚刚吃了速效救心丸。

黄大年是赴京前一天晕倒在办公室的。"不许跟别人说。"这是黄大年醒后对秘书说的第一句话。

黄大年小心翼翼地把自己的疲倦和伤痛包裹起来，不让学生、同事知道，更不让国家知道。

不过，细心人还是瞧出端倪。

刚回国时，羽毛球场上的黄大年很生猛，"连打两三个小时，我们这边换了两三拨人，他都不休息"。单位组织爬山，黄大年总是走在最前面。2016年开始，马国庆发现，球场上黄大年的身影消失了，他暂停了一切体育活动，"他仿佛预感到什么即将到来"。

在一场无人机航磁系统评审会上,黄大年带着工作了一夜的倦容赶到测试现场,无人机轰鸣着起飞,在工作车里,黄大年却在蜷着身子打盹儿。黄大年的大学同学张贵宾看到那一幕忍不住落泪,"那一刻,他像极了一个疲劳过度的民工"。

如果将这场采访提前两年,学生和同事对黄大年的印象或许完全不同。"他浑厚有力的嗓音给人一种安全感,他像超人,似乎永远有用不完的精力,把所有的事都包揽下来。"他像一棵大树,学生同事都在这里遮风避雨,跟他相处久了,他们会偶尔偷懒,"一个项目申请书改到没有头绪时,放到大年老师的办公桌,反正第二天早晨醒来就改好了"。

对于周文月来说,这个"谎言"被拆穿是在2017年1月4日傍晚,ICU那道重重的门开了,黄大年带着呼吸机、眼睛半闭着被推了出来,他衰弱地喘息着。周文月从没有见过这样的黄老师,他如此衰弱,又如此真实。那个"超人"不见了。

刘国秋也发现,黄大年好久没来坐自己的车了。"那个赶时间的人怎么突然闲下来了?"刘国秋心想。他想看看这个坐了他几年车的人到底做了些什么。他用手机翻看黄大年的百度百科,一句一句读下来,眼眶热乎乎的,手机拉到最后一句,享年58岁。

"黄老师正在用这种方式跟我告别呢!"刘国秋眼泪决堤。那天是1月8日,黄大年永远离开了地质宫。

国之栋梁,学之楷模

星斗其人,赤子其心,黄大年秉持科技报国理想,在科技创新上只争朝夕,在人才培养上兢兢业业,以敢为人先的敬业精神、甘于奉献的高尚情操,铸就了一座震撼人心的精神丰碑,为知识分子树立了榜样,为国人点亮了一盏心灯。

一个国家、一个民族的崛起,离不开知识分子的贡献,时代发展也呼唤人才担当。黄大年心有大我、至诚报国、忘我工作、无私奉献，始终把敬业拼搏作为思想自觉和行动自觉，用卓越成就诠释了当代科学家精神，用实际行动诠释了知识分子形象，用深沉大爱诠释了教师本色，是当代海归赤子科技报国的楷模，更是中华民族伟大复兴中国梦的追梦者和筑梦者。

强烈的爱国情怀是知识分子以身报国的动力之源，无论是在家国危亡的战争年代，还是在现代化建设的新时期，知识分子都是国家的宝贵财富。"只要祖国需要，我必全力以赴""常思奋不顾身，而殉国家之急"……一定程度上说，正是千千万万个像黄大年一样的优秀科技工作者，在经济发展的主战场、科技创新的第一线、服务群众的最前沿奋力拼搏。他们有思想、有能力、敢担当、善作为，为中华民族的伟大复兴提供了强大的智力支持，以实干撑起了科技强国梦。

榜样的力量是无穷的。黄大年诠释了社会主义核心价值观的真谛，散发着积极向上的时代精神，是最好的说服，更是最好的引导。生逢这个伟大的时代，昂首阔步走在中华民族伟大复兴的历史征程上，我们每一个人都应该树立信心，向榜样对标看齐，创造无愧于时代的业绩。

《中国教育报》2017年7月13日

17 盖钧镒：奋"豆"不止

本报通讯员·蔡漪铃 许天颖

— 人物介绍 —

有人说，一生只做一事，是一件奢侈的事情。然而就有这么一个人，将自己的全部精力都献给了一粒小小的豆子。他就是中国工程院院士、大豆遗传育种学家盖钧镒。

择一事，终一生，只愿为中国人捧紧喝豆浆的碗！

——盖钧镒

即便已到耄耋之年，84岁的中国工程院院士、南京农业大学教授、大豆遗传育种专家盖钧镒仍如年轻人一般保持着清晨到办公室，工作到深夜的作息。

在60余年的研究生涯中，他和同事的脚步走遍全国每一寸生长大豆的土地：收集、整理大豆种质资源1.5万余份，创新大豆群体和特异种质2万余份，主持参与了20多个大豆新品种的选育工作，长江中下游的3000多万亩豆田，也在他们的指导下实现了产业化生产。

即便如此，盖钧镒依旧不敢停下科研的脚步。当下，中国的大豆依旧依赖进口，他要和时间赛跑，把饭碗端在中国人自己手里。只要中国还未实现"大豆自由"，他奋"豆"的脚步就决不停歇。

"误入"农门的城里人

时间追溯到 1957 年，苏北涟水农村。

那一年，盖钧镒刚从南京农学院（南京农业大学的前身）毕业，留校任教的他主动提出前往农村锻炼。

当地的农民可能想也想不到，那个和他们同吃同住，一起挖河、推泥、种地的年轻人，竟然是个连农活都没干过的城里人。

虽谈不上家境优渥，但盖钧镒的父母格外重视子女教育，兄妹四人先后被送到当地最好的学校读书。小学毕业后，盖钧镒以优异的成绩考入无锡辅仁中学。这所江南名校，在往后半个多世纪的时间里，先后培养了十几名院士，盖钧镒就是其中之一。

学习理科，成为一名科学家，通过科学强国，为国家作贡献，是那个年代很多有志青年的理想，盖钧镒也不例外。但命运和盖钧镒开了个玩笑，因为身体原因，他学习理科的心愿没有实现，被录取到了南京农学院。

年轻的盖钧镒心里一百个不愿意，为此，他到医院做了手术治好了病，再次来到招生办公室，想看看事情有没有转机。但木已成舟，无可改变。回忆当初，盖钧镒坦言："当时学理工科是最热门的，也是最值得骄傲和自豪的。非让我去学农学，真是不知道该怎么学啊！"

不过，入学后，盖钧镒对农学专业的态度渐渐发生了变化。

当时的南京农学院师资雄厚——小麦科学泰斗金善宝教授、棉花科学泰斗冯泽芳教授、水稻遗传育种学家朱立宏教授、小麦育种学家吴兆苏教授、著名大豆遗传育种和生物统计学家马育华教授……可谓名师荟萃，群星闪耀。

盖钧镒对这些恩师如数家珍。他们中的大多数人早年留学海外，成就等身，满怀一腔报国热情，放弃国外优渥的条件，回国支援新中国的建设。他们的经历和品格，鼓舞着年轻的盖钧镒。

在苏北农村，盖钧镒住在一位老大娘家里。大娘心疼他这个城里来的大学生，每天自己吃白菜萝卜玉米糊，却将细粮都留给盖钧镒。面朝黄土背朝天的农民和勤恳朴实的房东大娘在盖钧镒心里刻上深深的烙印，他暗暗立下誓言："农民真好！我一定要好好为他们服务。"

恩师的引导，农民的辛劳，让他意识到，择一事、终一生，民以食为天，从事农业研究和学理科一样，都是在为国家发展作贡献。

从无到有的大豆种质资源库

在我国著名的大豆遗传和试验统计学家马育华教授的指引下，盖钧镒对大豆遗传育种产生了浓厚的兴趣。

1980年，44岁的盖钧镒迎来职业生涯的第二个转折点——入选首批国家公派出国访问学者，赴美国艾奥瓦州立大学担任客座助教。

艾奥瓦州立大学农学院在大豆科学和数量遗传方面的研究水平及条件上处于国际领先地位。进修期间，盖钧镒了解到，美国20世纪50年代大豆生产因胞囊线虫病几乎遇到灭顶之灾，是我国北京小黑豆的抗病基因，挽救了其大豆生产的命运。

让盖钧镒感到难受的是，长期以来，国内受"以粮为纲"政策的影响，大豆因为不是"粮食"，并未受到重视。国内的研究进展缓慢，美国专家却不惜漂洋过海，跑到中国收集大豆的种质资源，他们不仅用中国的大豆"医"好了美国大豆的病，还用中国的大豆种质资源作深度科研，反过来挣中国人的钱。

"中国作为大豆的故乡，却被后来居上，这可太难为情了。"

在美国的两年半时间里，盖钧镒考察了美国大豆产区12个州的大学。访学的经历让他意识到，野生大豆是中国宝贵的财富，其中蕴藏的丰富的大豆遗传资源亟待人们保护和研究，作为中国的大豆科研工作者，要担起这个义不容辞的责任。

1982年，盖钧镒回国。因为工作的缘故，他和在上海当高级工程师的夫人长期分居两地，此次归国，夫人希望他能到上海来一家三口团聚。但还没在家待几天，他就收到了恩师马育华先生的电报。

"你赶快回来"——在那个通信不发达的年代，短短5个字的召唤胜过千言万语。盖钧镒决定独自一人回到南京，全身心投入他钟爱的大豆研究事业。

盖钧镒深知，优良的基因分散在不同的种质资源中，只有把所有优良的基因集中起来，放到需要的品种里面，才能培育出高产、抗病、优质的品种。他以大豆资源研究为切入点，在国际植物遗传资源委员会的资助下，在国内相关农业科研单位协助征集下，依靠自身力量，在广大中国南方偏远地区广泛征集大豆地方品种。

"这些大豆都是在他带领下，调动研究生积极性，到科研单位、到市场、到农民家里去找来的。"谈起恩师，邱家训感慨万分。他是盖钧镒教出的第一批学生，几十年过去，邱家训也已头发花白，但当年下乡收集种质资源的往事却历历在目："有时我们去的时候，家里男人出去干活了，只留一名妇女在家。我们就在门口等，等到家里男人回来，把大豆从坛坛罐罐里找出来给我们。"

就这样挨个单位要，一村村地找，挨家挨户地问，从一颗两颗到成千上万颗。在20多年的时间里，盖钧镒一共收集到1.5万余份大豆地方品种。在1998年，盖钧镒的研究团队建成大豆种质综合性状数据库，其规模仅次于中国国家种质库和美国农业部的大豆种质资源库，为中国第二，世界第三。

"中国所有的大豆产区我都去过。"盖钧镒自豪地说。

纵是如此，他的科研团队收集大豆种质资源的脚步仍未停歇。他常勉励大家，在很远的西南山区，还有大批的传承几千年的大豆种质资源等待收集，收集中国原产地的大豆种质资源，就是在积累国家财富。

愿找回中国大豆的骄傲

就在盖钧镒潜心研究育种时,国内的大豆种植因受到进口大豆的影响,不断萎缩。

从 1995 年开始,我国大豆种植面积和单产远低于世界发达国家,从原本的大豆净出口国成为最大的进口国。

"大豆是中国人蛋白质的主要营养来源,中国人喝豆浆就像美国人喝牛奶。"盖钧镒说,优质大豆的培育之所以势在必行,不仅因为大豆是原产我国的农作物,还因为大豆是最具全面营养价值的农作物,含有丰富的营养物质和各种生物活性物质,是国人食用油脂和蛋白质的主要来源之一。

然而,与我国 1 亿多吨大豆需求量形成强烈反差的,是国内年仅 1800 多万吨的供给量,80% 以上的需求需要进口。

由于国外地广人稀,机械化程度高,中国生产一吨大豆的成本是 3000 元,美国的成本仅为 2500 元,而且我国进口农产品关税低,利用关税提升国产大豆竞争力,收效甚微。

尽管质量参差不齐,但凭借价格低廉、出油率高等优势,进口大豆具有极强的市场竞争力。加之我国大豆单位面积产值较低,种植大豆的收益远远比不上水稻等其他作物,这也无形中打压了中国豆农的积极性,甚至一度出现了放弃国内大豆的说法。

"和发达国家相比,我国大豆基础科研还存在较大差距。"盖钧镒坦言,从美国进口的大豆血缘多来自中国东北,但在不到 100 年的时间里,东北大豆就被远远甩在后头——这无异于被掌握了筹码,若有朝一日出口国通过抬高价格控制大豆贸易,中国将毫无反抗之力,粮食安全将成为一纸空谈。

盖钧镒将高产作为我国大豆产业的突破口,除通过常规育种方法选育品种外，还探索通过选育高产理想株型来达到高产突破的目标。他主持和参加育成南农88-31等20多个大豆新品种，在长江中下游和黄淮部分地区推广5000多万亩，大豆亩产提高10%，达到近200公斤一亩。在他的团队努力下，南京农业大学获批建立"国家大豆改良中心"。他还按照人体健康的需求，培育氨基酸组成均衡的新品种大豆，营养价值甚至高于牛奶。

"依靠科技提高产量、降低成本，朝着发展绿色大豆经济前进，前途还是很光明的。"盖钧镒说，当务之急是要从政策上加强引导，立足国内解决大豆供应问题；要把大豆列入粮食安全体系，加大大豆生产和出口的支持力度，通过大豆加工业和食品工业拉动对国产优质大豆的需求，捧紧国人喝豆浆的碗，把中国大豆昔日的"骄傲"找回来。

绘就全球作物表型研究的"中国方案"

直到今天，盖钧镒还保持着每天早上喝一杯豆浆的习惯。

"只要每天早上中国人的碗里装的是自己的豆腐，中国人的杯子里盛的是自己的豆浆，我的坚持就有意义。"盖钧镒常这样对身边人说道。

2016年，好消息传来。当时的农业部发文，要逐步扩大大豆的种植面积，2020年，大豆种植的面积要比2016年增加近三分之一，产量的提升也上升为国家战略，而盖钧镒团队的育种技术，将成为这项战略最坚实的支撑。

2019年10月23日，由南京农业大学、国际植物表型组织（IPPN）主办的第六届国际植物表型大会在南京开幕，来自中国、英国、美国、日本、荷兰、澳大利亚、法国等全球5大洲22个国家的100余家研发机构的院士、专家、企业代表共400余人出席会议。

"植物表型研究"是盖钧镒为大豆改良和培育找到的一件新"武器"。在会上，他表示，农作物表型和基因研究的深度与广度，直接影响到种质资源利用效率和现代种业的可持续发展。

遗传学一个多世纪的发展证实了内在基因的重要性。近几十年来，得益于现代分子生物学的发展，科学家们得以通过分子测序一窥作物基因的真面目，但一方水土同样养一方"豆"，大豆的品质，也就是其表型，由其所在环境和基因型决定。

找基因型首先要找优良的表型，有了表型才知道这是不是优良的基因型。但表型同时也是不易被看见的，作物的产量，要等"长出来"才看见；看作物的抗病性，要发了病才知道；抗虫性，也要放在田间才能验证。但人工统计效率低，准确性得不到保证，仅靠技术人员到田里一个个统计，一万个小块田，可能两三天都走不完。

如何快速地测定多种作物的表型？在盖钧镒看来，当农业遇上大数据，一切都变得不一样了。目前研究结果表明，作物接受的光和作物的产量、抗病性、抗虫性、耐逆性等表型有关，如果利用无人机拍摄，便可根据作物反射光谱，对作物各项表型制表进行测算，找到所需要品种。如此一来，便可大大缩短育种时间。

要绘就全球作物表型研究的"中国方案"并非一日之功，这是盖钧镒一个甲子研究生涯中的新挑战，同时也是新机遇。

回望过去60多年的奋"豆"历程，盖钧镒用"路虽远行则将至，事虽难做则必成"的态度，战胜一个又一个挑战。长路虽漫漫，未来却可期，在他心中，只愿早日实现"日暮平原风过处，菜花香杂豆花香"。

《中国教育报》2020年3月26日

18 方汉奇：中国新闻事业守望者

本报记者·焦以璇

人物介绍

他是新中国第一代新闻史学者，也是新中国新闻学重要的奠基人和开拓者。他是新中国资历最深、教龄最长的新闻史学家之一，迄今培养了50多位博士生。他撰述的《中国近代报刊史》，主编的《中国新闻事业通史》《中国新闻事业编年史》等成为新闻史学科扛鼎之作。70岁学电脑，80多岁开微博，年近90岁玩微信，他是同龄人中的"潮人"。

> 从开始当教师起，我就认为教师这个工作是个神圣的工作。当一天教师就要学习一天。
>
> ——方汉奇

在学界，他被誉为"泰山北斗"；在年轻的新闻学子心中，他是"祖师爷"一般的存在、"教科书里的传奇"。在新闻史教学研究领域奋斗70载，一边打捞尘封已久的新闻史，一边紧跟日新月异的媒体浪潮，他自称退役的新闻老兵，但是依然在耕耘、在守望。他就是中国人民大学荣誉一级教授方汉奇。

想当记者却成了研究记者的人

进入人生第94个年头，方汉奇大部分时间是在书房度过的。在这个三面环书、30多平方米的空间里,书柜从地板直达天花板,每一层都里外"藏"两层书,地板上、书桌上也堆得满满的,如同一个小型图书馆。

如果不是因为疫情,他的书房每周都要迎来好几拨慕名而来的客人,从政府要员到社会名流,从专家学者到年轻学子。如今,他习惯了独处,过着简单而有规律的生活。每天6点多起床后,手机、电脑、报纸、电视四种媒介会在一日当中轮番登台,干得最多的是浏览、下载各种文章资讯,指导"关门弟子"完成博士生学业,晚上12点入睡。用他自己的话说,"两眼一睁,忙到熄灯"。

方汉奇上一次出现在公众视野,还是2017年。那一年,他荣获"吴玉章人文社会科学终身成就奖",奖金100万元。刚领完奖,他就决定把奖金悉数捐给中国新闻史学会,支持学术研究。结果转账当天,银行工作人员如临大敌,以为眼前这位白发老人遭遇诈骗,陪同人员也被当成骗子"审问",就差报警了。这段经历被媒体冠以"冬日里最暖心的乌龙"。

这也不是他第一次捐赠了。早在60多年前,刚到北大教书的他就捐出了自己收集了十几年的旧报纸,多达3000多种,其中有不少像民国时期《时务报》《强学报》这样的珍稀报纸。后来,有着"海内孤本"之称的8册《述报》也被他捐给了苏州大学图书馆。几年前,方汉奇又把凝结数十年心血的数以万计的学术卡片交给了人大新闻学院新闻史教学团队,卡片上满是有史料价值的剪报、信件、读书笔记等。

"方老师身上的家国情怀,以及对教育事业的拳拳之心,是我们后辈难以企及的。"在方汉奇的博士生、中国人民大学新闻学院副院长王润泽的印象里,唯一一次看到老先生热泪盈眶,是他讲起20世纪30年代在北师大二附小上学时的一段往事。

当时,全班集体到动物园游玩,几名窃踞华北的日本军人及其走狗公然拦住队伍,调戏带队女老师,还打了老师两个耳光。受此大辱,同学们立即罢游回校,都趴在书桌上号啕大哭。后来,先生每谈此事都声音哽咽，气愤不已。

爱国，是战火硝烟中成长起来的那一代知识分子心中最深的烙印。少年时代，火热的战地生活让方汉奇向往不已，最大的理想是做一名像范长江那样的记者，可以冲锋在前线。考大学时，他的志愿"非新闻系不填"，最后被国立社会教育学院新闻系录取。

然而，受家庭背景的影响，大学毕业时方汉奇并未如愿成为一名记者，阴差阳错进入上海新闻图书馆，从事《申报》史料整理工作。在那里，出版78年的27000多份《申报》堆满了一层楼，他花费3年多时间细细研读。

从此，方汉奇一生的目光再也没有离开过新闻史。

他曾在书中这样自豪地写道：中国是世界上最先有报纸和最先有印刷报纸的国家。在中国这片土地上，曾先后出现过6万多种报刊、1000多个通讯社、200多个电台电视台和成千上万的杰出新闻工作者。中国的新闻史历史悠久，源远流长，有着异常丰富的内容，是世界上任何国家的新闻史都无法比拟的。

一砖一瓦搭起新闻史学科大厦

新闻记者一直扮演着社会守望者的角色。在方汉奇眼中，新闻史研究者则是新闻事业的守望者，"历史研究的目的是总结好新闻事业历史的经验教训，可以使我们聪明一点儿，少走弯路，不犯历史上曾经犯过的错误"。

1953年，27岁的方汉奇进入北京大学讲授新闻史，1957年随迁人大。当时，全国从事新闻史教学的只有两人。在这片尚待开垦的领域，方汉奇开始了长达近70年的耕耘。

众所周知，中国近现代的新闻事业是舶来品。民国时期，新闻学高等教育以美国为圭臬。彼时，刚刚成立的新中国需要建立自己的新闻学高等教育体系。

据方汉奇回忆,当时在北大教学主要参考的是民国新闻史学家戈公振编写的《中国报学史》,但是这本书只写到1927年,共产党人的办报历史更是空白。为了上好课,他便自己"找米下锅",跑遍图书馆、博物馆、档案馆,看了2000多本书。

他的书房里至今收藏着一方墨盒,这是20世纪30年代戈公振在北京荣宝斋定制并赠送给《申报》同事黄寄萍的。后来,黄寄萍成为方汉奇的岳父。当方汉奇从岳父手中接过墨盒的时候,也许不会想到自己会将新闻史研究推向另一座高峰。

1978年,临近中国人民大学建校30周年,方汉奇向新闻系主任提出,想写一本《中国近代报刊史》的"小册子",为周年献礼。他本来准备写七八万字,写起来却一发不可收。

两年后,这部50多万字的《中国近代报刊史》才完成,书中涉及报刊500余种,报人1500余名,纠正前人著述失误200余处,被新闻学界认为是继戈公振的《中国报学史》之后又一中国新闻史权威著作,是新闻史研究走向成熟和科学的标志。

在此后的数十年时间里,方汉奇用一砖一瓦构建起新闻史的学科大厦。他组织编撰《中国新闻事业通史》,耗时13年,前后50多人参与,是新中国新闻学科第一个有外文译本的专著;而后又组织编撰《中国新闻事业编年史》,历时超过20年。这两部著作后被誉为"中国新闻史学界的里程碑"。由他主编的《中国新闻传播史》,成为迄今国内外流传最广、发行量最大的中国新闻史方面的教材。

"这些基础性研究对于后来的研究者是功德无量的,就像第一幅地图,标记了重要的矿产、河流所在位置。"王润泽说。

除了著书立说,新闻史的学科建设也是方汉奇时刻萦怀的。20世纪80年代,新闻学被列在文学门类的中国语言文学一级学科内,没有自主性。方汉奇担任首届新闻传播学科评议组召集人后带领众人多方争取,终于将新闻学升为一级学科，为以后新闻传播学的大发展提供了学科制度上的保证。

1989年，方汉奇和复旦大学教授宁树藩等人一起发起成立国家一级学会——中国新闻史学会，方汉奇担任第一、二任会长；如今，中国新闻史学会已经发展成为国内最大的新闻传播学学术团体。

研究史料像神探破案

如果把新闻史比作一条浩瀚的长河，那么它的源头在哪里？几代新闻史研究者孜孜以求。

1983年，方汉奇发表了对唐归义军《进奏院状》的研究成果，掷地有声地提出，中国的报纸开始出现于唐代，《进奏院状》是世界上现存最古老的报纸。

当得知伦敦不列颠图书馆存有《进奏院状》原件后，方汉奇敏锐地意识到，这份罕见的古代报纸实物将有助于揭开古代报纸起源之谜。

于是，方汉奇委托新华社伦敦分社记者对《进奏院状》原件拍下照片，对60行文字逐字逐句地疏证、辨析，再结合中国古代文献对邸报的记载，终于使这页看似不起眼的纸张重放光芒。

"有一份证据说一份话，多打深井多作个案研究，是方先生一直坚持的新闻史研究方法，对学界后辈影响深远。"王润泽曾撰文专门谈方先生的史料观：在关于《开元杂报》到底是不是印刷报纸的学术争论中，先生征引四种以上的史料，彼此印证，读来宛若福尔摩斯破案一般，环环相扣，逻辑清晰。

不久前，一位集报爱好者送来了一份满文版《京报》，这让20世纪90年代就系统研究过清代《京报》的方汉奇喜出望外，"之前从来没有发现过满文版的《京报》，这能进一步丰富新闻史研究史料"。对于报纸所处的年代，方汉奇又开始了一番"破案"，最后给出了清朝初年的初步判断。

"报纸上记录的内容太琐碎,没有出现具体的人物,要不然就能判定出更具体的年代了。"方汉奇略有惋惜地说。

坐得了冷板凳,守得住旧书斋。出于对一手史料的执著,方汉奇在新闻史长河中不断打捞尘封的记忆。他曾几经周转寻到民国著名报人邵飘萍的家人,获得一批珍贵的照片和书信,证明了邵飘萍的共产党员身份。他还摘掉了《大公报》"小骂大帮忙"的帽子,证明《大公报》不仅帮过国民党的忙,也大大帮过共产党的忙,"第一个派记者去边区,向全国人民报道中国工农红军万里长征真实情况的,是《大公报》"。

作为史学大家庭里的新生代,新闻史研究时间较短且史料零散,要从各种历史文献处寻得线索绝非易事。半个多世纪以来,方汉奇坚持做学术卡片,一张张巴掌大小的卡片上密密麻麻摘录了各种学术资料,然后归类存放备用。

"有战斗任务了,这些卡片就活了,招之即来挥之即去。"使用卡片时的方汉奇如同一位调兵遣将的将军。

如今,电脑成了方汉奇收集资料的新阵地,他在1T容量的硬盘里分门别类建了几十个文件夹,涉及政治、经济、文化、教育等方方面面,看到好文章他会第一时间下载存档,积累的资料将近500G。

"咬定青山不放松",这幅当年廖沫沙先生送给方汉奇的字,就悬挂在人大新闻学院的会议室里,在方汉奇博士生、北京交通大学教师王靖雨看来,这是老师一生治学的写照。

上好一堂课,一星期都很快乐

"从开始当教师起,我就认为教师这个工作是个神圣的工作。当一天教师就要学习一天。"比起皓首穷经作研究,方汉奇更享受的还是三尺讲台。

方汉奇课上得好,在人大新闻学院是出了名的。20世纪80年代,他在人大开设公开大课讲授新闻史，场面十分火爆，窗台上都挤满了学生。有学生回忆他的课堂，用"满座叹服，惊为天人"来形容，"他讲梁启超，随口就可以背出一篇千字政论，一边背诵，一边踱步，兴之所至，旁若无人；讲到一个历史人物或事件，他能讲出与此相关的正史、野史，就像刘宝瑞说单口相声，常让学生听得忘了下课"。

所有的知识点在他的脑中都穿成了线，学生形容他，"丝丝白发都是知识"。

"上好一堂课，一个星期都很快乐。如果上砸了，一个星期都难受。"为了讲好课，方汉奇每次都会准备"十桶水"，上课只用"一桶水"。他时常把上课比喻成打仗，要有一定的纵深，不至于因一点被"突破"，造成全线"崩溃"，有了纵深，才能擒纵自如，可进可退，才能"东方不亮西方亮"。

作为新中国资历最深、教龄最长的新闻史学家之一，他至今为止培养了50多位博士生，他们中的大部分已经成长为国内新闻学院的中流砥柱。

每月一次的读书汇报，是王靖雨念书时最大的享受。上午10点钟，到先生书房来，坐定，沏一杯茶，听先生讲述他所经历的历史和历史中的人。对每一届弟子，方汉奇都会开出书单，每月至少碰头一次交流读书体会。

"先生一方面严格要求我们，同时又鼓励我们在研究中大胆思考，勇于创新。"据北京大学国家战略传播研究院院长程曼丽回忆，当年还在读博士的她"放肆"提出中新史的学术架构存在问题，没想到方汉奇听后鼓励她把想法形成文字，并推荐发表。"这件事对我影响很大，极大地鼓舞了我的学术信心和学术勇气。"

如今，程曼丽也将这份鼓励传递下去，对于有创见的学生她总会格外关注，支持他们继续深挖，力争做到言之有理、持之有据。

生活中的方汉奇常常给弟子们带来惊喜。他记得向每位弟子送上生日祝福，会为生病住院的学生送去热粥，出国归来还不忘给学生们带小礼物。

不仅仅是方门弟子，很多年轻学者都得到过方汉奇的提携和帮助。在成为方门博士之前，中国人民大学新闻学院教授邓绍根与方汉奇有过三年的书信往来，"对请教问题的来信，方老师每封必回，并在信中一直称呼我为邓老师"。在方汉奇的不断鼓励之下，2005年邓绍根如愿考入"方门"。

湖南师范大学教授徐新平更是将方汉奇视为引路人，当年还是"新手"的他被方汉奇邀请加入共产党新闻思想研究课题组，从此扎根新闻思想史研究20余年。"做新闻史研究是件苦差事，成果会出得慢，但只要有恒心与韧劲，就会乐在其中。"徐新平至今没有忘记第一次见面时方汉奇对自己的寄语。

在人大，一届届新闻学院的学子至今还守护着这样一份默契，看到在食堂打饭的方老师，会一路默默护在他身边，隔开拥挤的人流。

学新闻的人就是怕落伍

每天早上7点准时用微信给弟子们发送早间新闻，是方汉奇最近养成的习惯。不过，早在2013年，方汉奇就注册了微信，如今通讯录里已有300多位好友。

在层出不穷的新媒体面前，方汉奇从未落伍。1996年，当网络媒体在中国处于起步阶段时，他就在一次演讲中专门介绍了电脑网络的用途；1998年左右，仅靠几名学生的现场指导和手写操作指南，方汉奇便开始了互联网之旅，当时年过七旬的他成为中国最早"触网"的一拨网民。

据清华大学新闻与传播学院教授彭兰回忆，她在人大任教时曾给学院年长的教师做过短期的电脑使用培训，最终学会五笔打字的只有两位，方汉奇就是其中一位，他总是笑称自己采用的是"一指禅"输入法。

2010年，84岁的方汉奇发了第一条微博，不久便成了大V，粉丝最多时超过175万。当时开通微博的知名人士中，大概只有年过百岁的语言文字学家周有光年长于他。

活跃在微博的那几年，方汉奇平均每天发一条，他喜欢评论国内外时事，也不忘记录生活点滴，"这两天在学着如何用iPad，一会儿缺这个，一会儿缺那个……我是不服老，又得服老，不服不行"。有网友跟他互动，"我还在看你的《中国新闻传播史》，太厚了"，他回道，"让您受累了"。

"对新事物保持敏感是新闻工作者的一种本能追求，学新闻的人就是怕落伍、怕落后，要让自己不断地处于时代的前沿，跟上日新月异的技术发展。"近两年，方汉奇又陆续学会了使用支付宝、网约车。

旅行，也是方汉奇拓展认知边界的一种方式，"读万卷书，行万里路"这句话，他常挂在嘴边。"文化大革命"期间，他下放到学校设在江西的"五七干校"，尽管条件艰苦，方汉奇还是利用休假的机会，几乎走遍了江西的主要城市。南昌、瑞金、兴国等革命圣地是他主要考察的线路，"这不就是如今流行的红色旅游吗？"方汉奇得意地说。

从江西回北京的旅程也没闲着，他研究了当时的铁路政策，买到了一张"专属车票"，车票上手写停靠站点，到站下车后可再上车，15天内有效。手握这张车票，方汉奇一路泛舟杭州西湖，逛上海外滩，大同看石窟，张家口看洋河……留下了美好记忆。

在王靖雨看来，方汉奇总有大幽默和大智慧来应对生活中的苦难。"文化大革命"时期经历颠沛流离，但他每次提到总是语气轻松，甚至还开自己的玩笑。有时弟子们担心先生上了年纪，自己去食堂打饭不方便，可他总用在"五七干校"的经历自证手稳——那时他要抡大铲子给几百人做大锅饭、打饭，"每次我的窗口前都要排好长的队伍，因为我的手不抖，不会捞一勺掉半勺"。

方汉奇不光做过大锅饭，在家中也主动承担了大厨的角色。曾经为了照顾在中学任教的妻子，方汉奇"做了十五年的饭"。相濡以沫数十载，他出门总不忘给妻子带爱吃的巧克力冰淇淋，过生日送上一支玫瑰花，在妻子生病住院时，会悄悄在她额头上留一个吻。后来，为了让妻子在轮椅上坐得舒服一些,他又挖空心思将轮椅改造一番。如今妻子离世 5 年,她的遗像前,总盛开着他摆放的鲜花。

2016 年,方汉奇迎来九十寿辰。面对来自学界业界潮水般的祝贺,方先生"感谢大家善颂善祷",并自喻为屠呦呦手里的青蒿素、显微镜下的小动物,开始被世人进行研究了,引得在场的同行和弟子们放声大笑。

在这位见证过中国近百年起起伏伏的新闻老兵看来,自己正好给新闻教学和研究站过岗,如此而已。

《中国教育报》2020 年 5 月 21 日

19 柴立元：为国治污

本报记者·李伦娥　本报通讯员·娄梦瑶

——人物介绍——

学的是冶金，但做的是冶金环境工程；岗位是大学教授，但许多时间是在矿山和车间；已功成名就成为院士，但"目前最操心的是技术推广，是技术与工程应用无缝对接"……中南大学教授柴立元，在过去30多年的学术人生中写下很多个"但"，唯一的原因是：以国家的重大需求为己任。

宁可少活10年，也要把这个事做好。

——柴立元

组建新学科：从一张白纸到全国知名

1985年，柴立元考入中南大学，当时学校还叫中南矿冶学院，"地（质）采（矿）选（矿）冶（金）"是学校的四大学科。10岁就没了父亲、家境贫寒的柴立元，来自江西偏远乡村的柴立元，以为学冶金就能淘到金的柴立元，懵里懵懂进了冶金系。

这一读就是12年，从本科到硕士、博士，再到做博士后，柴立元与冶金工程中的"稀贵金属的提取和精炼"，整整杠了12年。

以为这就是自己学术生涯的主攻方向，没想到，1999年，以优异成绩从日本访学归来的柴立元，受命组建具有冶金特色的环境工程学科。

环境工程？对读了12年冶金的柴立元来说，这完全是崭新的学科，而冶金环境工程，更是环境科学、环境工程和冶金工程的交叉学科。中南大学冶金工程学科在全国名列前茅，但加上"环境"两字，研究方向、研究团队、实验室建设……人财物全部是一张白纸。从何着手？能否不负厚望？柴立元感觉"压力山大"。

但是国家急需。我国是有色金属生产大国，2018年产值已过6万亿元。有色金属冶金生产过程往往伴随着废气、废水及固体废物污染。过去由于产量不大，环境问题还不太突出，改革开放后，我国有色金属工业飞速发展，污染问题日渐凸显。记者查到一组权威数据：2018年有色金属行业产生一般固体废物4.8亿吨，约占全国工业一般固废产生量的14.7%，产生危险固废721万吨，占全国危废产生量10%以上。组建冶金环境工程学科，刻不容缓。

加上自己才3个人，这个专业怎么建？读了一肚子书的柴立元，这个时候心里特别没底。

"那两年我没作一点儿科研。"回想起当年的日子，柴立元自己都不知道是怎么过来的。他说，当时满脑子想的就是专业建设，就是建实验室，就是搭平台。也是年轻胆大，2001年，当时还只是冶金环境工程研究所所长的他，在导师、系主任张传福教授的指导和帮助下，居然和同事们攒了个国际学术研讨会——固体废物污染控制及其资源化国际会议，"写信封贴邮票"，居然也请来了来自加拿大、日本、韩国、南非，以及中国香港和内地的100多位专家学者，收到了上百篇论文，其中92篇正式结集出版。

从1999年回国，到2004年国家环境保护总局的国家环境保护有色金属工业污染控制工程技术中心落户学校，同时拿到这个专业的博士点，再到2011年拿到科技部的国家重金属污染防治工程技术研究中心，获得三个国家科技奖二等奖……如今，学科师资队伍已成为拥有25名教授的40多人的大团队（包括国家重点领域创新团队、教育部长江学者创新团队以及首批全国黄大年式教师团队），学科排名进入全球ESI前1%。整整20年，可以说，柴立元和同事们创下了奇迹。

治污、治废："不成功就改行"

学科建设的目的不仅仅是招学生，更不仅仅是发论文，更重要的是培养人才，是为经济建设和社会发展服务。

有色冶金环境工程，主要的任务是研究如何治理冶炼过程中的废气、废水及固体废物污染。而这"三废"的治理，都必须到生产一线去。"但当时没名气，拿不到什么项目。"团队成员闵小波教授说。

那就自己找。

原长沙铬盐厂倒闭后，有42吨铬渣一直堆放着无法处理。"铬渣中的水溶性六价铬被列为对人体危害最大的8种化学物质之一，是国际公认的3种致癌金属物之一。"柴立元介绍。而且，铬渣堆积占用了大量土地，也使土壤和地下水受到了严重污染。如果按传统的"湿法"和"干法"两种办法处理铬渣，需资金2.5亿元，如果要治理已被污染的土地，至少还得10多亿元。当时，全国各地现存的铬渣达600万吨，需要数百亿元的治理费用。因此，铬渣的治理一直困扰和阻碍我国铬化工行业的发展。

柴立元和团队决定，就拿这个硬骨头开刀！

传统的铬渣治理，多是将其高温处理，但如此大规模的堆积成山的铬渣，如何加以高温？显然不现实。柴立元和他的同事们一次次往那个铬渣山里跑，无数次观察"山"里的情况。他们惊奇地发现，"毒山"里居然有植物顽强地生长！大家意识到，这个植物的生长土壤里一定有对付铬渣的独特物质。经过8年艰苦的研究，2005年，柴立元和他的"铬渣生物解毒"课题组，终于从铬渣堆埋场附近的淤泥中分离驯化出某菌株，首创了细菌直接解毒铬渣并选择性浸出回收铬的方法，实现了铬渣及堆场土壤的低成本高效治理。

铬渣的成功治理，让柴立元团队积累了经验，也在业内渐渐有了名气。国有大型企业湖南水口山有色金属集团有限公司找上门来了，请他们治理含铍废水。我国最大的铅锌联合冶炼企业株冶集团找上门来了，"这桶废水处理不好，株冶厂就没救了"，企业负责人将柴立元团队请到现场，拎来一桶冶炼烟气洗涤废水，对柴立元说。

废水，废水，都是废水！柴立元心情沉重。

此前，处理这些工业废水的方法，多是利用石灰中和沉淀废水中的重金属，但因废水中重金属浓度高、种类杂，石灰很难"抓住"全部重金属离子，处理后的废水不仅难以达到国家最新发布的排放标准，还会产生大量淤泥，且处理后的水基本难以再利用，企业很是头疼。2010年，因生产过程中发生铊泄漏，拥有5000多名员工的韶关某大型企业不得不停产，3万吨废水无法处理！

"真的都是国家重大需求。"采访时，柴立元一一向记者介绍这些项目。耳闻一件件重金属污染事件的发生，看到一家家企业负责人期盼的眼神，柴立元深感自己作为一名科研人员的责任和使命。

"传统办法只能'抓住'一两种重金属离子，有没有一种东西可同时'抓住'多种呢？"柴立元团队确立了处理废水的思路：既要去除其中多种有害重金属，又要可回收再利用。得益于处理铬渣的经验，团队发现，微生物对重金属有极大的"抓附"作用，且像有多只"手"一样，可同时"抓住"多种有害重金属。

可是，能处理废水的微生物哪里有呢？不知在阴沟里、淤泥里取样多少回，也不知熬过了多少个不眠之夜，更不知失败了多少次，终于，柴立元和大家找到了一个理想的混合菌群。"目标菌种找到了，再大量培养，做成药剂。"闵小波告诉记者，2005年，实验室制剂完成。这个时候正好株冶找上门来，实验室成果要真刀实枪地投入使用了，大家都很兴奋。

"我记得很清楚，2007年春节假期还没过完，正月初八，柴老师就带领我们进驻株冶。"副教授王庆伟说，他当时还是研究生。

这一待就是大半年。实验室试验的时候，制剂效果非常好，可当大规模使用时——当时株冶一天要排放14000立方米的废水——菌群们就不"听话"了。到底能不能成功？有人甚至有些动摇。"第一炮一定要打响。"柴立元既要当总指挥拿方案，又要做政委给大家打鸡血。他和师生们用彩条布在厂房边搭起了简陋的"实验室"，团队十几个人轮班守现场，日夜调试。"那气味，熏死个人，眼睛睁不开，鼻涕直流，喉咙难受。"柴立元说自己无法形容那刺鼻的臭味，只记得当时一名年轻的女研究生，本来白净的脸上没几天就长满了疙瘩，柴立元自己也免疫力下降，吃了一年半的药才调理好。

"背水一战。"当时大家都铆着一股劲儿，"不成功就改行"，他们甚至不给自己留退路。

终于，他们成功了，这套后来命名为"重金属废水生物制剂法深度处理技术"的方案，让株冶重获生机。如今，这项技术已成功应用于100多家大中型涉重金属企业的近200项工程，实现年处理重金属废水超过1亿立方米，解决了有色冶炼清洁生产过程终端污染治理环节的重大工程难题，成为行业标杆。2011年，这项技术摘得国家技术发明奖二等奖。

接下来几年，柴立元团队陆续攻克一个又一个"治废"难题。"生物制剂处理含铍废水新技术""选-冶联合清洁炼锌技术""含重金属低浓度二氧化硫烟尘净化回收技术"等10多项先进适用工程化技术相继研发成功，基本形成了有色冶炼行业的重金属污染防治技术体系。"有色冶炼含砷固废治理与清洁利用技术""冶炼多金属废酸资源化治理关键技术"还分别获得2014年度国家科技进步二等奖和2018年度国家技术发明奖二等奖。

发明不断，获奖多多，可柴立元还是高兴不起来。为什么？因为技术推广太难了。治理重金属污染的生物药剂，企业使用起来是以吨为单位，在生产车间使用时还得有相应的装备系统。还没开始治污，还不知效果如何，就要掏一大笔钱，企业一般都有些犹豫。为解决这个问题，柴立元又领着团队发明了一个类似大集装箱的移动式装备系统，可处理20多种废水、废气、废渣，企业有需要，大货车装上这个"集装箱"就能"开战"。曾经有家企业，任柴立元团队如何反复宣讲技术，就是不信。团队将这个大"集装箱"拖到现场，7天之后，效果出来了，企业心服口服，用上了他们的技术。"等于是企业看到了活生生的可研报告。"闵小波说。

2010年北江铊污染治理、2012年广西龙江镉污染治理、2013年广西贺江铊污染治理……团队都是拉着这个大"集装箱"解危的。"29个省份的200多家大中型企业用上了我们的技术。"柴立元说，每实施一个工程，他就在地图上画一面红旗。"希望插遍全中国。"这是采访时他跟记者说得最多的一句话。

甘当工作狂："要抢时间，形势逼人"

2013年11月4日，是柴立元终生难忘的日子，这一天，习近平总书记到中南大学调研科技创新，来到了他所在的实验室。总书记对柴立元带领团队刻苦攻关、勇于创新的精神给予高度赞许。"当时我就在心里暗自承诺：请总书记放心，我们一定努力工作，研发出更多、更好的先进技术，为打造青山绿水作出我们应有的贡献。"柴立元说。

"工作狂。"采访中，几乎所有的同事、学生，都是异口同声地这样评价柴立元。"他有句口头禅，宁可少活10年，也要把这个事做好。"闵小波说，柴老师是不要命地在干活。

团队刚成立时才3个人，柴立元领着大家既要搞学科建设，又要到企业四处找课题，一天24小时连轴转。2001年做郴州治理砷污染项目时，团队又接到水口山一家企业的请求。"又要上课，又要作科研，我们累惨了。"闵小波说。柴立元和团队成员们在衡阳水口山、郴州项目点轮番跑，

"稻草都睡过"。路不好走,闵小波又刚拿驾照,自己开车到这些企业磕磕绊绊要大半天,有时一个星期要跑两三趟,累得话都不想说。

"学到了坚持和拼命两个词。"李青竹是环工系的第二届学生,2001年进校,后硕博连读留校工作,她给记者讲了个细节:2018年,柴立元刚在北京搞完一个答辩,又马上回到长沙搞省里的答辩,在等候答辩的间隙,他靠在椅背上就睡着了。这一幕让李青竹印象深刻,在老师榜样力量的激励下,年轻的李青竹今年破格升为教授。

"等车候机睡着是常事。"闵小波说,他印象最深的是无论坐火车还是飞机,柴立元永远是卡着点走,有次到机场,算好时间应该来得及,但没想到遇上修路临时要改道,闵小波只好"把车开得像飞机一样,飞起"。

但一有工作,他又完全可以不睡。博士生彭宁回忆,2013年某天凌晨3点多钟,他们在郴州一家企业的实验有了大进展。大家第一时间发短信向柴立元报喜,没想到几秒钟后,同学们就收到了老师的回复。博士生石岩,2010年刚来时写了关于微生物治污的一些想法,"学冶金的老师能提多少建议",他在心里还没嘀咕完,柴立元的意见就来了,"工作狂,我们年轻人都搞不过他"。

团队的杨卫春老师则给记者讲了这样两件小事:有次,柴立元上午到岳阳出差,下午2点就赶到教室给本科生上课,午饭都没吃,而谁都知道,他的胃不好;2018年,柴立元搞一个材料到凌晨2点多钟,发现实验室有个房间灯还亮着,他硬是四处找人,直到把灯关了才离开。2019年国庆节,"七天假只休了一天,柴老师只让我们看完阅兵式,就把团队拉到浏阳道吾山,让我们闭关讨论问题写项目书"。杨卫春"控诉"道:自2009年加入团队以来,几乎从来就没有寒暑假的概念,过年也最多休个五六天。

但也正是因为这样的"工作狂"模式,大家成长迅速,"感觉越来越有底气了"。刚给株冶治理完废水,企业又提出要求,希望治理废酸。"我国是世界冶炼第一大国,行业废酸排放量每年高达2000万立方米。"柴立元介绍,废酸高效治理与资源化是国际上行业公认的技术难题。绿水青山就是金山银山,而冶金环境工程就是既要绿水青山,又要金山银山。"我们花了十几年,才完成这个项目。"柴立元说。如今,这项技术已在紫金矿业集团、五矿集团、宝武集团等国内十多家大型铜、锌、钢铁冶炼企业工业化应用,与紫金集团海外项目签订合作协议在刚果(金)推广。近三年共处理废酸 373 万立方米,减排危废物体 6.73 万吨。来自学校科研处的统计表明,这些年来,柴立元团队发明创新的 10 多项工程技术,累计至少创造了上百亿元的经济效益,社会与环境效益更是显著。

"要抢时间,形势逼人啊。"记者向柴立元转述同事们的"控诉",他回答说,团队大,任务重,企业需求多,"不拼不行啊"。"我理解,中南人的精神就是奋斗精神。"他说,这些年,广西龙江镉污染,湖南娄底双峰铬污染,浙江台州铅污染……频频爆发的重金属污染事件,已经严重破坏生态,危害群众健康,引起国家的高度重视。随着国家出台重金属污染防治规划,在资源开发利用过程中防治重金属污染,保护绿水青山,已经成为我国重大战略需求。作为党和人民培养的科技工作者,以国家重大需求为己任,义不容辞。为了总书记的嘱托,为了一路走来大家的帮助,他必须成为"工作狂"。

采访中,柴立元一再述说着一路走来帮助过他和团队的人们,述说着没有改革开放的好政策,没有国家的培养,当年的农村穷孩子不可能上大学作研究,更不可能成为院士。

他说,自己的梦想是:全国规模以上有色冶金企业 1600 多家,能建起一个数据库,从技术方面对企业全流程进行监管,从源头上防治污染。"全国都无污染了,我也就瞑目了。"与记者临别时,他说。

《中国教育报》2020 年 6 月 18 日

20 杨振宁：功在世界　心怀家国

本报记者·董鲁皖龙　刘博智

人物介绍

杨振宁，20世纪五六十年代先后创立"杨–米尔斯规范场"论（Yang-Mills gauge theory）和提出"杨–巴克斯特方程"，因与李政道共同提出弱相互作用中宇称不守恒原理而获1957年诺贝尔物理学奖。跨越两个世纪，从清华园出发，又回到清华园，75岁从时任清华大学校长王大中手中接过了清华大学高等研究中心名誉主任的聘书，开始了"他这辈子最后一件值得做的事情"。

> 我的一生可以算作一个圆，从一个地方开始，走了很远的地方，现在又回来了。
>
> ——杨振宁

> 昔负千寻质，高临九仞峰。
> 深究对称意，胆识云霄冲。
> 神州新天换，故园使命重。
> 学子凌云志，我当指路松。
> 千古三旋律，循循谈笑中。
> 耄耋新事业，东篱归根翁。

2003年12月24日，杨振宁将家从纽约石溪搬到了北京清华大学。而在11月，他就写好了这首《归根》诗，并将自己在清华园内的住所命名为"归根居"。

跨越两个世纪，经历中美两个大国，从清华园出发，23岁公费留美，35岁获得诺贝尔物理学奖，耄耋之年放弃美国一切回国创建清华大学高等研究中心……

"我的一生可以算作一个圆，从一个地方开始，走了很远的地方，现在又回来了。"杨振宁说。

"耄耋新事业，东篱归根翁"

2021年9月22日，杨振宁先生学术思想研讨会——贺杨先生百岁华诞在清华大学隆重举行。会上，清华大学校长邱勇表示，杨振宁先生具有令人高山仰止的大师风范，是我们心中真正的大先生、真正的大师。杨先生在一个世纪的岁月里，取得了峙立如嵩、博观如海的学术成就，书写了功在世界、心怀家国的隽永篇章。

24年前的6月2日，75岁的杨振宁从时任清华大学校长王大中手中接过了清华大学高等研究中心名誉主任的聘书，在清华开始了"他这辈子最后一件值得做的事情"。

世纪之交，随着"科教兴国"重大战略的拟定，我国基础研究迫切需要重大突破。1996年起，杨振宁夫妇回到清华，与王大中进行了三次深入交谈。

"杨先生筹建高等研究中心，学术为先就一直扎根在中心的基因里，而且是最重要的基因。比如我们讨论引进什么人才，要决定什么事情该怎么做，或者不该怎么做，唯一的出发点，就是这样做是否有利于学术发展。"作为杨振宁先生的关门弟子，在20年的相处中，翟荟深刻体会到了杨振宁"永远学术为先的态度"。他说，项目、经费、"帽子"、论文……现在学术界在强调"破五唯"，在高研院，从一开始就只有"一唯"，那就是"唯留得下来的学术成果"。

高等研究中心成立初期，要尽快确定主任人选。1997年1月，杨振宁先生推荐了在香港科技大学任职的聂华桐。此外，研究方向与一流科研人员，决定着科学研究机构能否成功。作为名誉主任，杨振宁亲自带博士生。研究中心还先后聘请了力学和数学家林家翘，成功动员图灵奖获得者姚期智全职回国工作，引进了密码学家王小云。渐渐地，高等研究院在理论凝聚态物理、冷原子物理、理论计算机、密码学等领域形成了一批重要的研究成果，汇聚了一批国际一流学者，在国际上开始拥有举足轻重的地位和影响。

对于科研经费保障，杨振宁积极在我国香港和美国为高等研究中心筹集资金，1997年在美国注册了清华大学北美教育基金会，1998年在香港注册了清华大学高等研究中心基金会有限公司。在此过程中，他带头捐出了部分积蓄和一部分美国房产，以及他在清华工作前期的全部工资。

2004年秋季学期，杨振宁还主动为清华物理系和数学科学系8个班200余名大一新生讲了一学期的"大学物理"。82岁的诺贝尔奖获得者，每周两次、每次两个45分钟讲授基础课，常常是课间的5分钟休息时间还在讲课。不仅学生，全国许多高校的教师也慕名而来，在旁边的教室观看直播，品味杨先生讲课与众不同的地方和精妙之处。

而杨振宁与清华的缘分，早在1929年就开始了。

"振宁似有异禀"

清华大学高等研究中心原来的地址在清华大学理科楼，是一栋建于1918年的砖红色欧式小楼，是清华早期四大建筑之一。从正门进入，左手边第三间屋子，就是杨振宁父亲杨武之曾经的办公室。

"在清华园的八年在我的记忆中是非常美丽的、非常幸福的……我跟我的小学同学在园里到处游玩，几乎每一棵树我们都曾经爬过，每一棵草我们都曾经研究过。"杨振宁回忆。1929年，从芝加哥大学获数学博士学位的杨武之受聘到清华大学任教，杨振宁一家搬到了清华园，从1929年一直住到1937年全面抗战开始。

杨振宁在清华的八年是充满童趣的，也是他数学天赋展露的伊始。那时杨振宁在成志学校读小学，从家到校不过几百米，然而杨振宁因为观察蚂蚁搬家、看蝴蝶，常常一走就是20多分钟，杨武之也不着急。

渐渐地，杨武之察觉到了杨振宁对数学的兴趣和天赋。11岁时，杨振宁考上了城里的崇德中学，并成为少数住校生之一。课堂之外，杨振宁最爱翻看父亲书架上的英文和德文数学书籍，尤其是哈代和赖特的《哈代数论》以及斯派塞的《有限群论》，但是因为外文基础不够，许多细节看不懂，他反复向父亲求教，但杨武之总是说："慢慢来，不要着急。"这种"慢慢来，不要着急"一方面是不教数学，另一方面则是请人来教《孟子》，顺带讲了很多上古历史和教科书上没有的内容。

12岁时，杨振宁说出了"将来有一天我要拿诺贝尔奖"的"妄言"。而1935年，在杨振宁的一张照片上，杨武之亲自写下了"振宁似有异禀"的断言。

随着抗日战争的全面爆发，清华、北大、南开等高校几经辗转，最终于1938年在昆明组建了西南联大。杨振宁在2万余名考生中名列第二，被西南联大化学系录取。得益于时任校长梅贻琦"通识为本、兼识为末"的办学方针，学生可以自由跨学科、跨专业、转专业，杨振宁转到了物理系。彼时的西南联大物理系群星璀璨、大师云集，有来自清华的叶企孙、吴有训、周培源、赵忠尧，有北大的饶毓泰、吴大猷，还有南开的张文裕等。

进入大学后，杨武之一改"慢慢来"的做法，亲自教授杨振宁较高层次的数学知识和方法，哈代的《纯数学》、迪克逊的《现代代数理论》、贝尔的《数学名人传》，还与杨振宁一起讨论集合论、群论。回忆这一段时光，杨振宁认为"深刻影响了我在科学研究上的风格"。

"我欣赏数学家的价值观，我赞美数学的优美和力量，它有战术上的机巧和灵活，又有战略上的雄才远虑。而且，奇迹的奇迹，它的一些美妙概念竟然是支配物理世界的基本结构。"杨振宁说，"群论……在物理学中应用的深入，对我后来的工作有决定性的影响，这个领域叫作'对称性原理'。"

"天衣岂无缝"

1928年，6岁的杨振宁在厦门海滩捡贝壳，与众不同地挑选极小却精致的。异于常人的独特的观察力、品味和风格在他成年后的物理学生涯中不断表现出来。

杨振宁喜欢用美、妙、优雅这一类的词描述物理学家的工作。"物理学的原理有它的结构。这个结构有它的美和妙的地方。而各位物理学工作者，对于这个结构的不同的美和妙的地方，有不同的感受。因为大家有不同的感受，所以每位工作者就会发展他自己独特的研究方向和研究方法。也就是说，他会形成他自己的风格。"

"我在西南联大的七年，对我一生最重要的影响，是我对整个物理学的判断，已有我的 taste（感受）。"杨振宁回忆。

1941年，杨振宁升入大四，面临着毕业论文的考验，杨振宁选择了《用群论方法于多原子的振动》。恰好，杨武之是擅长群论的数学家。正是在父亲和吴大猷的引导下，杨振宁进入了物理学的对称性领域，为他日后拿下诺贝尔奖埋下了伏笔。

1943年，杨振宁通过了庚款留学美国的考试。1945年8月硕士毕业后，他踏上了赴美之路。

当时，第二次世界大战刚刚结束，美国吸纳了来自苏联、德国、意大利等国的一大批科学家。物理学三大巨匠爱因斯坦、狄拉克、费米，有两位在美国。杨振宁为追随费米而来，继父亲之后，也成了芝加哥大学的一名博士生。

费米是20世纪的一位伟大物理学家，主持建造了人类历史上第一个核反应堆，并参加了美国研制原子弹的"曼哈顿工程"。

由于费米从事研究的敏感性，杨振宁最终跟着特勒教授作研究。特勒来自匈牙利，后被称为"美国氢弹之父"。读研究生期间，杨振宁经常参加特勒和费米专为研究生开设的课程和讨论班。

"特勒和费米在芝加哥对我的影响都是很大的。"杨振宁回忆，费米的风格和人品值得佩服，恐怕是兼具理论和实验物理专长的最后一人。而特勒想象力丰富、物理直觉能力极强，注重科学精神而不大注意细节的"乱中取胜"的讲授方法，也使杨振宁学会了物理学家思考的过程和方法。

杨振宁在《论文（1945—1980）选及评注》一书中写道："在每一个有创造性活动的领域里，一个人的 taste，加上他的能力、脾气和机遇，决定了他的风格，而这种风格反过来又决定他的贡献。"

物理学之美一直引导着杨振宁。70年代的时候，杨振宁了解了美妙的陈氏级，写了一首诗《赞陈氏级》：天衣岂无缝，匠心剪接成。浑然归一体，广邃妙绝伦。造化爱几何，四力纤维能。千古寸心事，欧高黎嘉陈。

"掀开伊西斯的面纱"

1949年，在费米和导师特勒的推荐下，杨振宁来到了奥本海默担任所长的普林斯顿高等学术研究所，并在此度过了学术的黄金17年。

1952年12月，杨振宁受布鲁克海文国家实验室高能同步稳相加速器部主任柯林斯的邀请，做一年访问学者。彼时，实验室有世界上最大的加速器。1953年至1954年，杨振宁在此做了一系列关于多重介子产生的实验。

在此期间，杨振宁与同实验室的米尔斯合作，写出了《同位旋守恒和一个推广的规范不变性》《同位旋守恒和同位旋规范不变性》，在文章中提出了新的场论，即杨-米尔斯场论。从此，规范场的研究进入了一个崭新的阶段。

"杨振宁是一位才华横溢又非常慷慨引导别人的学者，我们不仅共用一个办公室，杨振宁还让我共用了他的思想。"1984年，在庆祝杨-米尔斯场论发表30周年纪念会上，米尔斯重申。

如果用"伟大"去丈量一个物理学家的成就，毫无疑问，杨振宁是20世纪最重要的物理学家之一。著名华裔物理学家郑洪这样解释：物理学界有一个通俗的说法，诺贝尔奖分为三等，第三等的贡献是第二等的1%，第二等的贡献是第一等的1%，杨振宁与李政道因提出"弱相互作用中宇称不守恒"获得的诺贝尔奖是其中的头等——爱因斯坦是唯一的例外，特奖。

诺贝尔金质奖章上，自然女神伊西斯立在中央，她手中拿着丰饶之角。右边是科学女神，一手正掀开伊西斯的面纱。在西方文化中，"掀开伊西斯的面纱"一词指待破解神秘现象，而获奖者就是掀开神秘面纱的科学家们。

1956年以前，宇称守恒定律与能量、动量等守恒定律一样，被看成是一条普适的规律。尽管物理学界也有不少科学家对此提出了疑问，但是都没有突破"原理"的桎梏，此时，杨振宁和李政道站了出来。

1951年，两人在普林斯顿高级研究所就开始了合作，到1956年宇称守恒定律引起讨论时，两人花了大量时间计算并讨论，发表了《弱相互作用中宇称守恒的问题》，在物理学界引发轩然大波。

1956年6月，李政道找了吴健雄做β衰变实验以验证宇称是否守恒。而当时，吴健雄已经是β衰变物理实验中最权威的学者。由她来做实验的消息传出，在物理学界引发了大量关注和讨论。然而，1957年1月，吴健雄的实验就成功证明了宇称在弱相互作用中并不守恒。

20世纪50年代，三位华裔物理学家解决了一个"物理学理论根本结构"的问题，使人们的根本认识发生了"一次伟大的解放"。

1957年12月10日，35岁的杨振宁和31岁的李政道，在瑞典斯德哥尔摩市音乐厅出席了诺贝尔奖颁奖典礼。

消息传回国内，杨武之兴奋极了："不要小看中国人在世界上第一次获得诺贝尔奖的深远意义，这件事至少使一部分中国人，特别是知识界，打掉了自卑感，从心理上敢同西方人一争长短了。"

留得生前身后名

1971年是杨振宁人生的另一个转折。尽管此前,他已在瑞士等地多次见过家人,但是因为他大科学家的身份和中美冷战等原因,解放后他还未能踏足祖国的土地。

而20世纪70年代随着乒乓外交和尼克松宣布放松对中国贸易的禁令,杨振宁感到"此时不走,更待何时?"

1971年7月的夏天,从纽约到巴黎,一路经过雅典、开罗等地,最终杨振宁回到了阔别26年的祖国。

这次回国,杨振宁除了看望父母,还访问了复旦大学、中国科学院上海生物化学研究所;在北京见到了自己儿时的好友邓稼先、西南联大的同窗黄昆,拜访了老师吴有训、周培源、王竹溪、张文裕,回到母校清华大学,参观了北京大学、中科院原子能研究所等,还向周恩来总理详细介绍了美国科学技术等方面的发展情况。

从1971年开始,杨振宁每年都会回国一次,中国人民站起来后的独立自主的形象和科学技术的巨大进步,让他心潮澎湃。每当他在美国、欧洲等地讲学时,总是不遗余力地介绍新中国的情况,极力促成世界各国与中国的沟通。

1973年,杨振宁见到了毛泽东主席。一个半小时,毛主席和他谈了许多与科学有关的哲学问题。临别时,毛主席说,杨振宁能够对人类科学有所贡献,他很高兴。毛主席会见华裔科学家,这是第一次。

"杨先生是牢记根本的一个人,他常常谈起在中国生活学习的那些日子,对于抗日战争期间流离失所的情景记得非常清楚。多年来和他的相处,我深深地感受到他对中国的关心,关心中国人民的生活是不是在改善,关心中国的科学技术是不是朝着正确的方向发展,关心中国培养的人才,关心中国的前途。"聂华桐谈道。

1990年，杨振宁独具慧眼，建议中国研制X射线自由电子激光器。2017年1月在中国科学院大连化学物理研究所建成了世界上第一座工作在20—100nm范围的全相干自由电子激光装置。

2019年，杨振宁以"最高的科学成就、令人高山仰止的家国情怀以及为祖国科学事业所作出的贡献"获得"求是终身成就奖"。而此前仅"两弹一星"元勋周光召先生获此殊荣。

"杨先生不仅在科学领域不断突破，作出不朽的贡献，他的人格魅力、家国情怀也令人高山仰止，他的学术成就、精神和风范深深影响了几代中华学人。"清华大学原校长顾秉林说，在近半个世纪里，他以个人的影响力推动着中国的科学发展，作为清华大学高等研究院名誉院长，他一直践行"愿在有生之年尽力帮助清华大学发展"特别是"使清华大学的理科重振辉煌"，这是他"这辈子最后一件值得做的事情"，是"为祖国科学事业所作贡献"的最好诠释。

……

今年春节期间，翟荟去看望了杨振宁。

"杨先生说他最近晚上睡眠不行，就起来想一个物理问题，做点计算，并且和我们讨论这个具体的物理问题。"翟荟说，"这20年来，我时不时会收到杨先生发来的一些他自己的算稿，有时候甚至是半夜发过来的。而他在90岁的时候，还问我们能否帮他装个计算机画图的软件，他要学一学，自己就可以画图了。"

科学是科学家毕生的追求，科学家追求科学是亲力亲为的，科学巨擘杨振宁永远在科学研究的第一线。

《中国教育报》2021年9月23日